翻訳の秘密

翻訳小説を「書く」ために

小川高義
Takayoshi Ogawa

研究社

The Secrets of Translation

PRINTED IN JAPAN

TO
HNYM

まえがき

翻訳の勉強、という言い方があるらしい。そのようなことを聞かれたことがあり、またアンケートの項目としても見た。

何年くらい翻訳の勉強をしましたか、どの先生について勉強しましたか……。

もちろん答えようがない。翻訳の仕事を始めるまでには、翻訳の勉強をしているという意識が全然なかった。英文科と名のつくところで卒業証書をもらったのだから、たしかに英語関連の授業には出ていて、それで読み方を鍛えられたのは間違いない。だが、このように訳しなさい、ということは教わらなかったと思う。また、そんなことは教えたり教わったりするものではない。書く段階になったら、書こうとする意志を働かせるだけのことだ。もし「翻訳の勉強」という言葉が意味を持つとしたら、「書くための基礎となる読みの練習」ということだろう。

ややや意地の悪い言い方になるが、翻訳の勉強と称して、まず英語を何らかの日本語に置き換え（これを直訳として）、ほかの日本語に言い換える作業を繰り返し、さあ意訳ができた、勉強になった、と考える人がいるならば、その人は絶対に翻訳ができるようにはならない。この構文はこう訳す、という公式のようなものを期待する人も、翻訳には向かない。翻訳の出発点は「読む」段階にある。その出発点において、すでに訳者の個性は出てしまう。初心者への指導があり得るとしたら、うまく読めるようになるための技術支援である。プロの翻訳家にとっても、一生ずっと、読み方の試行錯誤は続くだろう。

この本を手にとってくださる方が、もし翻訳志望者であるとしたら、悪いことは言わないから、しばらく日本語を書くことは放ったらかして、まず英語がきちんと読める、味わえる、という目標を立てたらどうでしょう、と勧めたい。英語の小説を読んで、どきどき、わくわく、はらはら、びくびく、と原文から直接に由来する心の動きを得られたら、ためしに日本語で書いてもよいのかもしれない。得られた感動が深ければ深いほど、それを他の言語で書くことは難しくなる。すらすら書けたらおかしい。もちろん感動の深さに助けられて、書きたい意志が強まるという幸福なこともある。また読めたつもりで、とんちんかんな感動をしている不幸な場合もあろう。いずれにしても、すらすら書けるものではない。たしかに原作があるということは、小説家のように取材や構想から始めなくてよいということではあるが、書くスピードだけで言えば、原文という負荷を引きずっている以上、売れっ子作家のように筆が走るはずはない。翻訳はじわじわと念力で行なうものである。

したがって、これから翻訳について書くこと（書けること）は、すべて読み方のヒントだと思っていただきたい。仕事中に気づいたことを、自分用のメモとして書きとめたようなものなので、ほかの人の役に立つかどうかわからない。だいぶ前になるが、「まだ当分は現役でいたいから、プレーヤーが解説者になったような物言いをしたくない」と書いたことがある。いまでも、その気持ちに変わりはない。ただ、メモ書きとは言え、読者が有用だと思ってくださるなら、大変うれしいことである。

なお『翻訳の秘密』という図々しいタイトルがついているが、じつは人様に言うほどのことではない、ほんとうは黙っていてもよいことだ、という意味を込めている。また、しゃべっても構わない程度の秘密である。もし本物の秘密があるとしたら（たとえば、どの本の何ページでどういう誤訳をしでかしたか、というような胃の痛くなる秘密があるとしたら――いや、あるのだが）そんなものは口が裂けても言えない。

というわけで、あまり整然とした理論ではなく、のんびりした芸談、ほとんど雑談、というつもりである。かつて雑誌やパンフレット等に書いたもの、また翻訳小説の「あとがき」であったものまで再利用している。いま読み返しても、それほど違和感がないのだから、たいして進歩していないのかもしれないが、ともかく雑多な原稿がふたたび日の目を見るのはありがたい。最終章だけは、ポーを訳したときのメモを見ながら書き下ろした。最近の新訳ブームに筆者も便乗させてもらっているので、その小さな体験記というか、楽屋話、ネタ帳というか、これまた秘密にしておけばよさそうなことを平気でしゃべり散らしている。

目　次

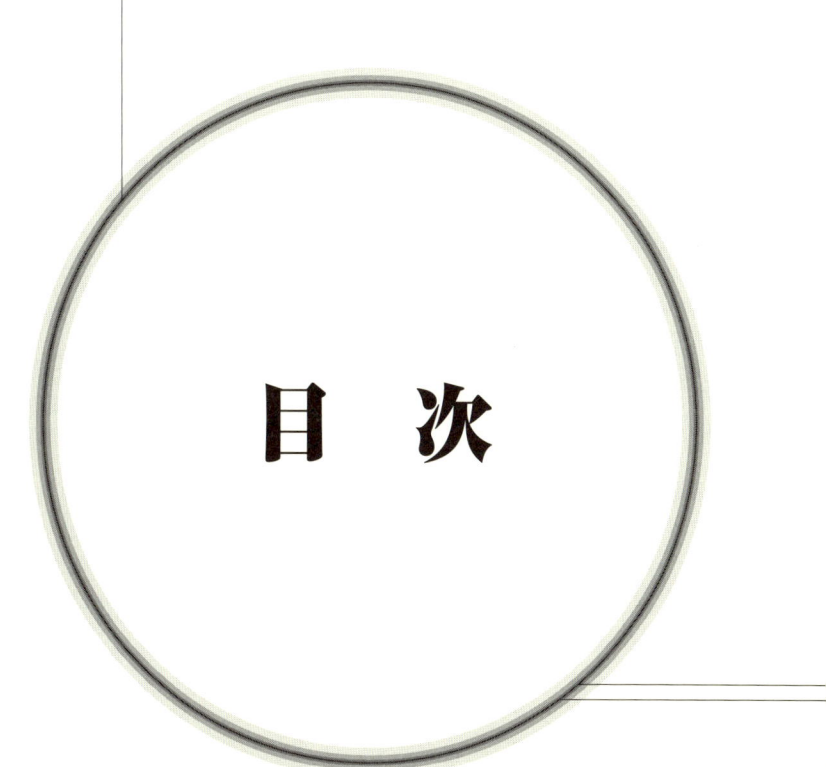

編集協力：望月羔子

第 I 章

翻訳の手順

2007年の5月から11月まで、ある翻訳会社のメルマガに連載したもの。まず6回の予定で書いて、さらに6回を追加した。今回いくらか手直ししている。ここに書いたことが最近の私の仕事感覚であって、いわば原書を「読む」というより「見る」つもりで、パソコンの前に坐る。はたから見たら、居眠りしているように思えるかもしれないが、じつは頭の中で「現場」を見ている。ほんとうに眠っていることもなくはない。なお文中で引いた短篇“Once in a Lifetime”（*The New Yorker*, May 8, 2006）は、現在では短篇集 *Unaccustomed Earth*（2008）に収められている。邦題は『見知らぬ場所』（新潮社、2008）。

1 仕事のイメージ

翻訳の手順——読む、見る、書く

いきなり素っ気ないことを言いますが、もし翻訳をしたければ——しかも職業として考えるほどであるならば——誰かに「訳し方」を教わろうなどとは思わないほうがよろしい。教師としての経験で、学生から聞きたくないセリフが二つあります。一つは、「よくわかりませんが、とりあえず訳してみます」、もう一つが、「なんとなくわかるんですが、訳し方がわかりません」。そう聞いただけで、こりゃ、だめだ、と思います。

よくわからないのなら、わかるまで訳してはいけない。なんとなくわかるのなら、もっと突き詰めてわかろうとすればよい。訳し方なんてものは、あとからついてくる。わかってさえいれば、どうとでも書けばよい。と、まあ、私はそんなふうに考えます。

とりあえず、いますぐにできる作業として、国語辞典と英英辞典で「翻訳」と“translate”を引くことを勧めます。違いがわかりますね？　翻訳というと「言葉の置き換え」に終始するような錯覚を生じますが、translateするのだと思うと、言葉に限らず、何かの性質や形状を「変容」させる意識が出ます。場所が移動することもある。たとえば田舎から都会へ出た人が、移動によって性格まで変わる、というのもtranslationの好例でしょう。

さて、その変容として、私は文字を映像に変えることを重視します。とくに理論の裏付けがあるわけではなく、そのように心がけると仕事の出来がよさそうだという、いわば生活の知恵として言っています。もちろん五感のすべてを動員するとよいのですが、練習としては、まず「見る」ことを鍛えると、成果が目に見えて出るでしょう。そのつもりで、いかに見るかという話をします。

小手調べに、簡単な例題を一つ。出所は、数年前に私が訳したインド系アメリカ作家の短篇集です（ジュンパ・ラヒリ『停電の夜に』［Jhumpa Lahiri, *Interpreter of Maladies*］）。停電にそなえてロウソクをさがしにキッチンへ――

Shukumar returned to the kitchen and began to open drawers.

これを読んで、「引き出しを開け始めた」と思いつく人が多いでしょう。すらすら訳せると豪語するタイプかもしれませんね。仕事が早いのは結構なのですが、そう思うより先にイメージは浮かびましたか？　もし反射的に日本語が出てしまったのなら、それが問題だと思ってください。では質問。“began to open a drawer”だったらどうします？　やはり

「開け始めた」ですか？　結果的にはそうなってもよろしい。ただし、イメージが浮かんでいないとしたら（まさか何も浮かばないことはないと思いますが）、まだ日本語を書く段階ではありません。

この話はもう少し続けます。ほかに “began to open the drawer(s)” も考えて、頭の中に絵を描いていてください。もし自分が演出家なら、俳優にどんな演技をさせようか、という要領でいかがでしょう。いや、みずから演技してもよい。パソコンの前で、ただ一人、ああだこうだと手足を動かしている翻訳家は、私だけではない……はず。

見る練習——引き出しとタマゴ

キッチンの話の続きです。例文を再確認しますと——

Shukumar returned to the kitchen and began to open drawers.

もし “a drawer” だったら、そうっと開けたと考えるのが妥当でしょう。一瞬で開けたら “began to” との抱き合わせが難しい。では “the drawer” ならどうか。そうっとには違いないとして、どの引き出しを開けるべきか見当がついていた可能性が高いですね。どこにロウソクがあるのか知っていた、ということ。またキッチンに引き出しが一つしかないのなら、とにかく「その一つ」を開けるしかありません。もし“the drawers”であれば、心当たりのある複数の引き出しを開けたか、さもなくばキッチンの引き出しを全部開けたか。いずれにしても“the”であれば、迷いのない感じがすると思います。さて原文はというと、無冠詞、複数でした。どこにロウソクがあるかわからず、適当に一つずつ開けたのでしょう。ゆっくり開けたのかどうか、これは何とも言えません。人物の性格と照らし合わせて、しかるべく判断するしかないでしょうね。ばたばた動く男だとは（私には）思えません。結局どう書いたかというと――

キッチンへもどって、引き出しをあけていった。

これだけ見ると、たいして芸もない「訳し方」ですね。まあ、いいでしょ。もとが普通の英語ですから。ちなみに「開ける／あける」という区別に、私は原則を持っていません。作品によって変えています。漢字をひらがなにすることを編集者は「開く」と言いまして、その逆は「閉じる」というようですが、「開」も「閉」も開くかどうか迷うことの多い字です。

では、キッチンへ行ったついでに、もう一つ。今度は「卵」で練習しましょう。これは無冠詞、単数形（egg）が考えられます。もしイメージが浮かばないというのであれば、実際にキッチンへ行って、卵をボウルに割ってみるとよろしい。ごろんと転がる楕円形の印象がなくなって、“a cup of tea”と同工の“a bowl of egg”になります。

だったら“a bowl of eggs”はどうか。複数形によって個々の輪郭が感じられるとしたら、いくつかの卵をボウルに積み重ねた、というところでしょう。割ったとしても黄身が残っていれば個数の意識も残る（かもしれない）。とはいえ “a bowl of egg whites” も可能です。またラヒリには “she beat together hot milk and eggs over the stove.”（“Once in a Lifetime”）という例があります。

さらに次の例。

> She dips each of the croquettes, about the size and shape of a billiard ball, into a bowl of beaten eggs, then coats them on a plate of bread crumbs, shaking off the excess in her cupped palms. (Jhumpa Lahiri, *The Namesake*)
>
> ちょうどビリヤードの玉のような大きさと形になったコロッケを一つずつ溶き卵のボウルに入れて、パン粉の皿に転がして、そっと手のひらに受け、よけいな粉を落とす。（ジュンパ・ラヒリ『その名にちなんで』）

イメージ訓練に手頃だと思って、そっくり引用しましたが、とくに卵を見てください。割って溶いて液状であるのは明らかなのに、複数形を保持しています。文法では卵を割りきれないようですね。スクランブルエッグでも同じこと。たとえば、私の商売物ではありませんが、レイモンド・カーヴァーが “Tiny had scrambled eggs on his plate.” と書いています（Raymond Carver, “Where I’m Calling From”）。何にせよ「皿の上で卵をスクランブルしたのだった」とは読まないように、くれぐれもよろしく。

カンニングで青くなる？

　ここまでは、冠詞や単複の差を手がかりに、イメージを浮かべる練習をしました。そういう一つずつの積み重ねから、人物や情景を鮮やかに浮かび上がらせるように書きたいものです。さて次は、イメージ方式には誤訳を防ぐ効用もある、という話をいたしましょう。言葉から言葉へ訳していると、じつは誤訳につながることが多いのです。とくに「意訳した」と言って手柄を立てたように考える人は要注意。英和辞典で「訳語」を拾ってから、その日本語を起点にして、「適訳」（と思い込むもの）にすり替えていませんか？　そんなことをしたら、伝達ゲームのように、はてしなく意味がねじれていくだけでしょう。

　では、イメージで思い込みを防げる実例。またしても出所はラヒリです（*Interpreter of Maladies*）。大学の試験でカンニングをしたことがある、と打ち明ける場面を考えてください。隣の男の答えが見えて、最後には “I looked at his answer and copied it down” ということになりますが、その前の段階で、“I could see the blue book of the guy next to me” という箇所があります。この “the blue book” について、どんなものだと判定するでしょうか。おそらく次のような反応に分かれるのではないかと思います。

①もともと、この言葉を知っていた
②知らなかったが、辞書で引いた

③知らなかったが、何かおかしいと思った
④迷わず「青い本」と訳した

この中では③の反応が望ましい。①や②も結構ですが、それに加えて③のように心が動くほうがよい。④の人は……まあ、がんばりましょう。

いきなり訳語をさがすよりも、しばらく目をつむって考えるとよいのかもしれませんね。ありがたいことに文法上のヒントがありまして、book には the がついている。楽譜で言えば演奏記号にあたるものでしょう。この the を生かすようなパフォーマンスをしなければなりません。登場人物が見ていた現場に入っていくようなつもりで想像したらどうでしょうか。ただの「青い本」だったら、the という意識が生じるかどうか。何らかの意味で、この「本」は既知の存在なのです。二人のどちらにも「わかっている」感覚が欲しい。たまたま見えたのが青い本だったら、a book として意識するのが自然でしょう。

そろそろ辞書を引くタイミング……。裏付け捜査ができましたね？　となると必須の情報は「答案用の冊子」ということであって、とくに色彩を問題にしなくてもよい、という判断だって成り立つ。いまどきの翻訳ならば、まず「青い本」と書いてから「アメリカの大学で使う答案用冊子」と割り注をつけるような、そんな野暮な方法はやめましょう。色気を抜いたほうが、かえって粋なこともある。「青」を捨てると、すっきりした書き方ができます。「隣の答案用紙が見えたんだ」でよいのではないか。わざわざリズムを乱すほど、色に迷ってはいけません。

キッスは耳にして

誤訳予防のイメージ効果、という話を続けます。イメージから訳すと間違いが減るという例を、もう一つご覧に入れましょう。だいぶ以前に授業で使ったテキストから引用します。Irwin Shaw, “The Girls in Their Summer Dresses” という短篇でして、「夏服を着た女たち」という常盤新平氏の訳で知られています。いい男といい女の夫婦がニューヨークの街を行く、という場面で——

Frances leaned over and kissed him on the top of the ear.

あとで種明かしをしますが、とりあえずこのまま読んでください。「耳のてっぺん」という和訳を考えて疑わない人に質問です。おかしくありませんか？　男性が坐っているのならよいのですが、いま街を行く場面だと言ったでしょう？　二人とも立って歩いているのです。イメージとしては無理がありますね。女性が男性の耳にキスするとして、わざわざ耳の上端に目標を置くだろうか……。もちろん男女の身長差はカップルごとに千差万別ですから、あり得ないわけではない。しかし、この作品での演出効果としては、いくぶん伸び上がってチュッと口をあてる可愛さが欲しい、と筆者の趣味をまじえて言ってしまいましょう。そのほうが絵になると思います。

さて、じつは上の例文は日本の出版社が出しているリプリントからの引用です。小説やエッセーに注釈をつけた教科書版が、一昔前の大学では、教養課程の英語テキストとして使われたものです。ああいう「英文解釈」は、何かと評判が悪かったかもしれませんが、一度はくぐり抜けておかないといけないような、「翻訳」への一里塚だったような気がします。教師にとっても読み方を磨く練習になっていた。英会話と練習問題ばかりで、ほんとうに文章が読めるようになるのか——という懐旧と憤慨はさておき、そろそろ種明かしをいたしますと、ここには誤植があるのです。耳の “top” ではなくて “tip” にキスをしたのでした。

もし猫の耳だったら、どちらでも同じかもしれませんね。でも人間の耳の “tip” なら、上端と下端があるでしょう。どちらかを選ぶとして、当然「耳たぶ」にすればよい。それでも「てっぺん」にこだわる人がいたら、もう私は反対しません。そういうイメージが浮かんだのであれば、その人の答えはそれでよいと思います。もとの英語が “tip” ですから、「上端」でも間違いと断定する根拠はないでしょう。なにしろ演奏記号ですからね。演奏家のセンスによって、読み方が違うこともあります。どちらが聴衆を納得させるか、というだけの問題です。

でも、まあ、やや脱線した話で、また演奏する立場としては、そっと小声で言うのですが、どういう聴衆を相手にするかという問題もありますね。鑑賞能力に疑問のあるお客さんだって少なくないのです。ちょっとわからないと、すぐ翻訳のせいにする。そういう「書評」と称するものがネットには氾濫しています。もちろん、そう言わせないように頑張らなくちゃ、とも思います。翻訳であろうとなかろうと文章の質には関係ない、と世間に認めさせることが、翻訳に関わる人間の共通の目標であるべきです。日本の作家が翻訳文体を利用するのは自由ですが、翻訳家が翻訳調で書いたら洒落になりません。

イルカは空から

いままでは一つずつのイメージについて書きましたが、今回はもっと大きなことを言います。情景のとらえ方、どこから見るかという視点の話です。映画ならカメラの位置、焦点距離なんていうところでしょう。ご覧に入れまするは、私が好んで使っている例文で、英語の読み方を考えるためには、じつに便利な資料だと判断しているものです。ある TOEFL 対策の参考書で見つけました。練習用の例題と、その日本語訳です。

They sat on the beach looking into the horizon, where dolphins swam under the light of the setting sun.

彼らが海辺に座って水平線を見ていると、そこを沈む夕日に照らされてイルカが泳いだ。

この訳が下手だとは言いません。もとの英語が訳しづらいので、お気の毒に、と思っているだけです。なぜ訳しづらいのか。そこが本日の目玉です。どこに目をつけてんだ、という話です。

まず日本語だけを、よく見てください。どんな情景が浮かぶでしょう。私自身が日本語のネイティブスピーカーであり、また数カ所の教室で受講者の賛同を得た結果から申しますと、この日本語を見た日本人は、海岸から水平に、海の彼方へと目を向けます。つまり主語の「彼ら」と同じ視点を共有するのです。そして、はるか水平線にイルカの姿……。

というわけで、ある素朴な疑問が生じます。そのイルカ、見えますか？　いくら大きな生物でも、たとえクジラやゴジラでも、水平線までの距離があったら見えるわけがない。水面下にいても、ジャンプしても、見えないものは見えない。どうやら日本語訳は、まるで “where they saw dolphins swim” であるかのように処理したものと思われます。そのぶんだけ原文をおかしくしてしまった。あるいは、日本語にしようとする本能が働いた、と好意的に解釈してもよいでしょう。

こういう問題になると、いわゆる「訳し方」なるものを、ただの言い換え技術と考えてはいけないことがわかります。翻訳は「ものの見方」に関わるのです。どこに目をつけるか、どこからどう見るか、ということを考えなければ、上の例文は読めないでしょう。どこをどうやってもいいから、とにかく意味が通るように、文として成立するように解釈しなければ、どうにも訳せないはずなのです。この文の場合、正解が一つだけとは思いませんが、きわめて有力な解法として、見る位置を 90 度変えることを提案します。

海岸に置いていたカメラを、はるか上空へ引っ張り上げたらいかがでしょう。空の高みから下界をながめるのです。そうすれば「海岸の人間」も「水平線のイルカ」も、同じように認識できます。ただし、その両者に関係があるのかどうか、たとえば人間がイルカを見ているのかどうか、そこまでは何の保証もできません。でも上空カメラが双方をとらえていることは確かなのですから、この文は成立いたします。両者に関係があるかないかを書かずに、それぞれが存在していることを書く、という作業は、じつは日本語では難しいはずです。ためしにやってみるとよろしい。なかなか書けないでしょう。それこそが英語の三人称文体を訳す難しさなのだと思います。だから、どこかで日本語の本能が働いて、いくぶん横から見るようにカメラをずらしてしまう。うまく訳そうとすると、そういうことがあるのです。さもないと日本語にならないかもしれません。

よく翻訳についての冗談として、「ヨコのものをタテにする」と言います。横文字を縦書きに変えているからでしょうが、実態としては逆なのだとおわかりでしょうか。タテに見下ろしていたものを、ヨコからの目で見て書き直していることが多いのです。

じつは、こんなことを言いだした手前、さきほどから何とか私なりに訳してみようと試みているのですが、この例文、なかなか手強いですね。視点が厄介である上に、イルカが「泳いだ（swam）」という過去形を、どういうタイミングでとらえるかという問題もあります。このときに泳いだのか、ふだんイルカが泳ぐ海域だったということか。あるいはまた、もし回想調の文章であれば、あとから時間を見おろして、当時は見えなかったが、いま思えばイルカが泳いでいたはずだ、と認識できる場合もあるでしょう。いずれにしても途中で切ってみましょうか。条件によって後半の処理が分かれます。まず前半――

彼らは海辺に坐って夕日の沈む水平線を見ていた。

そして後半

はるかな海ではイルカが泳いでいるのだった。
暮れ方にはイルカの泳ぐ海である。
はるかに遠く、イルカが泳いでいたのだろう。

とまあ、あれこれやってみて、まだ気に入った感じがしません。文脈を離れて単独の文を訳すのは無謀だということだけがわかります。

ついに感情論

前述のように、どこから見るか、という論点を意識していると、さまざまな読解のコツが得られると思います。たとえば時間の流れを見おろして、その見ている位置から動かずに考えるということが、英語の時間表現を理解する勘所になるでしょう。もし私が文法家だったら、「時制の一致」ではなくて、「視点の固定」という用語を使うと思います。また上空から人間界を見おろして、自分自身も見えているとしたら、myselfのような再帰代名詞が発達する現象も肯けます。たとえば次の例。いかにも風変わりな場面ですが、後半は読み飛ばしても結構です。

You can give yourself a headache trying to decipher the tattoos on a naked man who's leaping up and down on a bed. (John Irving, *Until I Find You*)

これを訳すなら、たいていは「〜しようとすると頭が痛くなる」という方式をとるでしょう。そして主語は書かないのが上手な訳し方とされることも間違いない。なんとなく水平的な感じがしませんか？「〜すると、〜になる」平面上のA地点からB地点へ進むような表現ですね。また主語を書かないので、そのぶんだけ主体が見えずに、そういう現象だけが自然に進んでいくのかと思われる。もとの英語は、youなる人物が一人芝居でもしているような場面を、離れた目で観察しているのでしょう。マリオネットの人形遣いの目かもしれません。ほとんど話者の分身のようなyouですが、やはり上から見おろす人形になっている。日本語だと、いわば人形浄瑠璃で、話者は人形になりきって、その目の位置から見ているような気がします。マリオネットですと複数の人形を操って（つまり、くるくると主語と切り替えて）語ることも容易ですが、それは日本語では難しい。あまり目の位置を変えないほうが（つまり一つの人形にとどまるほうが）書きやすいと思います。

結局、私の訳ではこうなりました。

ベッドで裸の男が跳びはねて、その全身の刺青を判読しようとするのだから、もう頭が痛くなりそうだ。（ジョン・アーヴィング『また会う日まで』）

さて、ものの見方が変われば、同じことを言っているようでいて、まるで気分が違ってくる場合があります。もう一つ、私がよく授業で使う例文をお目にかけますと――

There is a problem with the page you are trying to reach and it cannot be displayed.

これに対応する日本語として、以前には「検索中のページには問題があるため表示できません」というメッセージを見かけました。このごろは「検索中のページは現在、利用できません」もあります。明らかに改善されたと言えるでしょう。前者は誤訳に近いと思います。もとの英語は「つながらない」現象を客観的に見おろして述べています。つまり、技術的に支障がある、ということを感情をまじえずに言っている。日本語は同一平面上でのやり取りのような、つまり目の前の相手に断られているような、情緒的な反応を引き起こすはずです。その相手の判断として、ページの内容には問題があるから見せてやるわけにいかない、と言っているのではないか。ちょっと反発したい気分です。（後者の訳なら結構だと思いますが、さもなくば……というところで93ページをご覧下さい。）

小説の翻訳では当たり前ですが、こういう技術的なメッセージでも「気分」は大事ですね。気分を間違えると、内容が伝わりません。電気製品のマニュアルが難しいのは、そのへんが原因だろうと思います。

さて、いろいろ理屈をこねてきましたが、要するに言いたかったことは、まず文法に基づいて考えてから、イメージや気分について自分が納得する、それから書き始める、ということです。納得しないのに無理に書いたら、出来が悪いに決まっています。じいっと文字の行列をにらんでいるうちに、ふわあーっと映像が脳内に立ち上がってくる。これが翻訳商売の楽しいところでしょう。それをどうやって日本語の文字で描き出すか。もう意志の力、書き手の念力としか言いようがありません。

2 このごろの仕事

進行中の話

ここからは、とくに話題を絞らずに、現在進行中のメモのような形で、たまたま思いついたこと、気になったことを書き留めようと思います。ここまでお読みくださった方々は、私がどういう考え方をしたがるのかおわかりでしょうから、そのぶんだけ読みやすいかもしれません。また、かかえている仕事からして、F・スコット・フィッツジェラルド（F. Scott Fitzgerald）の例文が多くなるはずです。（もちろん、書いても大丈夫と思うことしか書きません。自分に都合の悪いことは、あくまで非公開です。）

では、とりあえず「進行中」の一例で、“The Rich Boy” という短篇から。金持ちの男が、ある別荘へ来て門番に問いかけるセリフです。“When are you making a round, Carl?”

あまり誤訳する余地はないでしょう。どう書いたっていいようなものですが、進行形をどうしようか、というところは気になりますね。中学校の試験答案なら「いつ巡回をするのですか？」と書いてマルがもらえる。まさか小説の翻訳としてそのように書く人はいないでしょうが、さりとて「いつ巡回するのかね？」と書いたとしても、たいした違いはありません。日本語と日本語の言い換えをして、直訳だの意訳だのと言い立てるのは、最低レベルの議論であって、そういう仲間に入っていては進歩がないでしょう。

一つ基本文法の復習をいたします。よく「未来形」と言ってしまいますが、英語には未来専用の動詞活用はないのですから、何かしら別の表現で代用するのですね。その一つとして、「進行形」も「未来」のために使えるというお約束ができている。現在とつながっていて、すぐ延長上にあるような未来です。どこかに「意志」がつきまとう will も、やはり未来向けの用途を持たされていますが、現在との「つながり」意識は薄れるはず。また、ただの「現在形」が、これから先のことまで含めている場合もあります。いずれにしても「未来」だけの意味ではなくて、それぞれの性格を引きずっていると考えたほうがよろしい。（詳しい議論は文法の専門家にまかせます。ただ、翻訳業者といえども、文法嫌いでは営業できません。）

さきほどの例に戻ると、どう訳す結果になってもよいけれど、“When will you make a round?” とは違うのだということを、いったん意識する必要はあると思います。原文が進行形ということで、「巡回」を既定の路線とする質問だと判断してよいでしょう。ほどなく巡回するはずだと知っていて、それがいつなのか尋ねたのではないか。そんなニュアンスが文脈上もぴったりなので、私の翻訳では、こうなっています——

巡回は何時だったかな、カール。

そう言えば、私の仕事とは関係ありませんが、おもしろい例を思い出したので紹介します。最近、いまでも火星に水があるかもしれないという報告があって、それについて SF 界の大御所レイ・ブラッドベリ（Ray Bradbury）がインタビューされたときの発言が、“It's nice to know that water's there, because we're going to need water.” でした。この because 以下の部分に、進行形の教材としての利用価値がありそうです。水が必要だ、ということを既定の問題として、あたりまえのように言ってのけたところが愉快ではありませんか。老大家が大喜びしたのではないかと思われます。もし訳すとしたら、こっちも目を輝かすように訳したいですね。どうしましょう。

いいねえ、どうせ行けば水は要るんだから。

こんな気分だと思いますが。

あけっぴろげな話

もう一つ、フィッツジェラルドの “The Rich Boy” から話の種を拾います。ちょっとした難物というべき文ですが――

The smoke banked like fog, and the opening of a door filled the room with blown swirls of ectoplasm.

若い男女がクラブでトランプに興じている場面です。まず ectoplasm という見慣れない単語で引っかかりますね。そんなの知ってるよ、と言う人は少ないでしょう。英和でも英英でも、適当にご覧ください。どっちを引いても、わかったようなわからないような、まだるっこしい感じは残りますが……。おそらく、19 世紀にできた生物学用語を、20 世紀になって心霊術でも使いだしたのでしょう。フィッツジェラルドの時代には、まだ新語という意識があったかもしれません。いずれにしても一種の比喩表現だと割り切って、あまり厳密な用語として訳さないのが得策だと思います。ごまかすのも芸のうち。いや、翻訳を仕事にしたがため、ごまかしてばかりの人生だ、と心の中でつぶやくことが多いのです。

それよりも今回の話題にしたいのは、the opening of a door です。タバコの煙が立ちこめた部屋に、ドアが開いて空気が流れ込むと、煙が渦巻きのように動く——というような路線で書きたいのですが、「ドアが開く」だけでは物足りないように思います。なぜ “a door” なのか。もし “the door” だったら、日本語にとっては書きやすくなるでしょう。一般に「部屋のドアが開く」という言い方にふさわしいのは、“the door” が開いた場合でしょうね。たぶん部屋のドアは 1 カ所で、そのドアが開くのです。しかし原文には “a door” と書いてある。まあ、部屋といってもクラブですから、それなりの大きさはあるでしょう。ドアが 2 カ所以上あってもおかしくない。そのうちの一つが開くはず、という可能性しか私には思いつきません（さもなくば両開きのドアの１枚か）。また、これは想像にすぎませんが、トランプをしている人物たちは、ドアを見ていないのではないかと思います。まわりで煙が動くのは見えるが、ドアそのものに注目しているわけではない。そんなことを考えて、私は次のように訳すことにしました。

まったく濃霧のような煙である。どこかでドアが開くと、煙がくるくると妖しく渦を巻く。

定冠詞と不定冠詞が「見える／見えない」の差につながることは、よくある経験です。100パーセントの保証はしませんが、かなりの相関関係はあるでしょう。スー・モンク・キッド（Sue Monk Kidd）の長篇 *The Secret Life of Bees*（邦題『リリィ、はちみつ色の夏』）から、単純な例を二つ。

① The door closed.
② A door slammed.

①は乗り込んだ車のドアのことを言っています。車ですからドアは２カ所以上ありますが、いま乗って開閉があった「そのドア」だけに意識が行っていますね。②では視点人物からドアが見えていません。音が聞こえただけです。ドアに対する意識（あるいはイメージ）は、それほど明確ではないと思います。特定のドアという意識が働けば、見えていようがいまいが the door と感じるでしょう。

では練習。同じ作品から引用します。

They disappeared down a hallway. I heard a door close. A car horn on the street. The blast of the window air conditioner that dripped water into a dog bowl on the floor.

文脈を知らないと、どんな文章でも難しいものですが、これだけでは何が見えて何が見えないのかわからないでしょう。つまり場面を「思い浮かべる」ことができませんね。ということは「訳せない」。主人公の少女が友人のザックと、ある弁護士事務所を訪ねた場面でして、ここへ来たのは少女には初めてのことです。

まず a hallway は見えているでしょうが、初めての家の廊下ですから、the をつける意識までは働かない。廊下を行った先のドアは見えないはず。あとは音のするものを列挙しますが、表通り（the street）は屋内からは見えないとしても、いま来た道だから定冠詞つきで考えます。エアコンやフロアは見えている。ボウルも見えますが、これは適当に置いた一個のボウルですね。日本語だったら、いちいち考えなくてもわかるのに、と口惜しくなるようなことを、外国語では考えないわけにいきません。解答例として日本語をご覧に入れましょう。語りの視点は 14 歳の少女にあります。

ザックと弁護士が廊下を行って消えた。ドアが閉まったようだ。表通りで車がクラクションを鳴らした。窓のエアコンがやかましい運転音をあげている。たくたく水が垂れるので、フロアに犬用の餌ボウルを置いて受け皿にしてあった。（スー・モンク・キッド『リリィ、はちみつ色の夏』）

冷ややかに見下ろす話

上から見下ろすような視点で考えると、英語を読むヒントになることがある、という話を前節でいたしました。そのことが自分でも気になっているので、また似たような話をします。どこから見るか、その見方によって、解答が違ってくるのですね。とくに小説の翻訳では、人物を客観的に見るのか、その人物の心の中から見るのか、という差を意識せざるを得ません。

まず簡単な例で言いますと、“She felt cold.” のような場合。この動詞を学校で習ったときには、意味を分類して考えなかったでしょうか。①彼女自身が「冷たい（寒い）」と感じた、②彼女にさわったら「冷たい」と感じた、というように。もちろん①では感覚の主体は彼女にあります。②では、誰か知りませんが、さわった人の感覚が問題になります。いわば彼女の内部から語るか、外部から語るか、という差になるのですが、こんなことは、いまさら言うまでもなく、基本文法として知れ渡っているでしょう。

それに加えて、この場面を上から（あるいは、距離を置いて客観的に、と言ってもよいのですが）眺めたとしたらどうでしょうか。感覚の主体が彼女にあろうと、さわっている人にあろうと、離れて見ている観察者にとっては、ただ feel cold という事実が発生しているだけのことです。ともかく、ある文を解釈するのに、主語の立場（目の位置）から考えることだけが正しいのではない。そういう警戒心を持つべきですね。

どこから見るかという問題は、翻訳には常につきまといますが、たとえば小説によくある「誰それが〜をした」に副詞がついている、というタイプの、一見どうということはなさそうな文が、意外に訳せないものなのです。F・スコット・フィッツジェラルドの “The Sensible Thing” という短篇からの例で——

“There’s no use going on,” she said miserably.

恋人である男女が、まだ交際を続けるべきかどうか、ロマンスと打算の入り交じった議論をしていますが、はたして彼女自身が miserable なのか、それとも彼女を見ての判断か。ひょっとすると見かけはどうあれ内心は違うのか。

もう一つ、同じ作家の “Absolution” から、ある司祭がルドルフという少年に助言をするところで——

The priest waved his hand vaguely.

この司祭、よくわからない人でして、自身の哲学を夢中でしゃべっているのですが、手の振り方まで vague です。さて、司祭はわざと曖昧に振ったのか、ルドルフから見て曖昧なのか、語り手が曖昧だと評価したのか。また、振った意図が曖昧なのか、手の動きが弱いのか。

なまじ副詞があるだけに、作家に謎をかけられたような気がします。楽譜で言えば演奏記号のようなものですね。Allegro やら forte やらと書いてあっても、どういう速さ、強さにしたらよいか、演奏家が判断するしかないでしょう。だからこそ演奏家の腕前や趣味が問われるのですが。

こういうところは（いや、こういうところも、ですね）いくつかの選択肢から一つを採用するというよりは、どうにか情景を思い描いて、そのままそっくり日本語で書き上げる要領がよろしい。もとが簡潔ですから、へんに凝った訳にもできません。うまくいったときほど、あっさりした仕上がりになると思います。たとえば “said responsively” を「言ってやった」と書いておけばよい、というような場合に、訳者は一人で悦に入るのです。

上の２例について、参考になるかどうかわかりませんが、一応、私の訳を示しておきます。

「もう続けても仕方ないわね」と、しょげ返ったように言う。

司祭は手を振るともなく振った。

また、たまに便利な方法が使えることもあります。その一例が “The Rich Boy” に出てくるバーテンの発言で——

“Now where was that, Mr. Hunter?” Nick concentrated doubtfully.

ある昔の話をされて、とっさに思い出せないのだが、なんとか相槌を打たなくては、という困った立場にあるバーテンですが、doubtful の意味合いをセリフに混ぜてしまえば、それ以上訳さなくてもよいでしょう。副詞を芝居のト書きとして、それらしいセリフを言わせます。私は次のように訳しました——

「さあて、そんなこともありましたかねえ」ニックは考え込む。

もう一つ見下ろす話

翻訳であろうとなかろうと、小説だったらおもしろいほうがよいに決まっています。もちろん何がおもしろいかという基準は人それぞれでしょうが、たとえ少数の読者であれ、誰かを楽しませる商品づくりを考えなければ、職業としては成り立たない——というようなことは、いまなら自信をもって言えますが、たぶん20年くらい前には、おおっぴらに言えなかったろうと思います。

大学の教師たる者は、論文を書くのが本務であって、翻訳は一段低い仕事である、と上から見下ろしたような考え方が（いまも皆無とは言えないでしょうが）かなり強かったのです。実際、「翻訳ばかりやっていてもしょうがない」と言われたこともあります。ところが、だいぶ風向きが変わりまして、これは社会に開かれた実践的な分野である、というような昨今はやりの理屈によって、へんに持ち上げられたりもする今日この頃であります。

まあ、それはともかく、おもしろくするためにはどうするかと言うと、まず訳者自身が物語にのめり込まないといけない、登場人物といっしょになって泣いたり笑ったりするくらいでよい――というのは話の半面でありまして、一方でクールに上から見下ろす操縦士にもならなければいけません。「熱い私」と「冷めた私」に、うまいこと分裂させておきます。一本気な人には向かない商売かもしれません。

さて、話の枕が長くなりましたが、いよいよ本題。ある種のセンテンスは、上から見下ろすとわかりやすい、という読み方のコツについてです。文章は絵画ではありませんから、本来なら一気に全体を見ることはできません。その点では音楽や映画と同じでして、ある文を読むとしたら、最初から最後まで順序どおりに見ていくことになります。また、むやみに順序を変えたら、意味をつかみそこなうかもしれません。いわゆる「訳し上げる」ような読み方は、その典型でしょう。ただ、いったん読んでしまえば、そのあとの訳す段階では（たしかに順序を変えずにすめば、それに越したことはないのですが）あえて動かすこともあって当然です。とくに主語をどうにか処理しなければならないタイプの文では、そういうことになりやすい。フィッツジェラルドの“The Sensible Thing”から例を挙げますと――

Another subject seemed exhausted — the interview was not taking the course he had intended.

学校の先生をしている方々には賛同してもらえると思いますが、こういうところで学生のセンスがわかります。「もう一つの話題は尽きたらしい」と訳す人は、そこまでの理解しかしていないのでしょう。もう一つ突っ込みが足りませんね。これは日本語が下手だというよりは、もともと読み方が下手だったと考えるべきです。もう一つ憎まれ口をたたきますと、そのように訳す人は、「意味はわかるんですが、訳し方がわかりません」式のセリフを言いたがることが多い。じつは意味がわかっていないのだと気づいてくれなければ困ります。せめて「もう一つの話題は」を「〜話題が」に直せば、だいぶ良くなりますが、「訳し方がわからない病」は日本語の添削で根治するような軽症ではありません。その人の体質です。

Another から exhausted までを見下ろすと、要素は３つありますね。でも一つずつ訳語をあてるのではなくて、大きくながめてから、どうにか再構成します。その際、不定冠詞（another も含めて）には「存在」を示す力があると感じるとよいでしょう。つまり第１要素（another subject）については、「subject がもう一つあって、それがね」と言われたように受け取ります。ある話題を持ち出して、うまくいかなかったから、もう一つ持ち出したのだけれど、そっちも駄目だったから、結果として another subject が exhausted になっている。そういう方針で作文しましょう。私の翻訳では、次のようになっています。

この話も続かないようだ。せっかく会いに来て、こんなはずではなかった。

ある語学参考書に、A great number of human disorders

involve aberrant signs in cell という例文があって、その解説に「非常に多くの心身疾患は、細胞における異常な状況を示す」と書いてありましたが、はっきり言いまして、これで原稿料がとれるほど翻訳業は楽ではないでしょう。人間の病気は細胞を見ればわかる、という話が通じないといけません。そういう場合が多いんだよ、ということですね。

では類題——

"Well, another couple is about to get married in that gazebo. I see bridesmaids." (Jhumpa Lahiri, *Unaccustomed Earth*)

これもまず「もう一組」の存在を考えて、あとの要素と組み合わせることにすれば、だいぶ訳しやすくなります。定石としては、主語を「述語化」するでしょうか。「式を挙げるカップルが、もう一組いる」とでも。同様に——

"A lot of women do things that are out of character on their wedding day."

でお試しあれ。主語の情報量を生かす、という要領ですね。それぞれについて私は次のように書きました。

「でも、ほら、あっちの別棟みたいなところにも、挙式のカップルがいる。介添人がいるもの」（ジュンパ・ラヒリ『見知らぬ場所』）

「女って結婚式となると全然似合わないことをするからね」

過去の話

原作を大事にするのは当然の態度だとしても、では原作が不可侵の聖典かというと、そんなこともないのです。なにしろ翻訳するのですから、多かれ少なかれ原作を動かしています。芸術作品について、その素材を変更しようとすれば、もはや原作の完全なコピーではありません。どこかに改変なり補作なりの作業が入らざるを得ない。もし完全に「忠実」であることを要求する原作者がいたら（いないことを望みますが）、いかなる翻訳家も、その人に関する仕事を引き受けられないでしょう。原作に「誠実に」対処することはできます。しかし「忠実に」訳すことはできない。くどいようですが、素材を変えて作り直そうとするのです。銅像を木像に、管弦楽を室内楽に変えるのと同じように、もとのままであるはずがありません。

これは原作を「まだ動くもの」として扱うことでもあります。つまり「生物」ですね（「せいぶつ」と読みました？　どっちかというと「いきもの」か「なまもの」に願います）。たとえ古典として過去のかなたにある作品でも、死火山のように不活性なわけではない。いまだ活火山であるとして扱えるなら、そのほうが原作者にも喜んでもらえるのではないでしょうか。

とはいえ、これまた、高尚な文学論を意図してはおりません。あいかわらず現実的・技術的な悩みごとの話です。新刊の長篇となるジョン・アーヴィング『また会う日まで』(John Irving, *Until I Find You*）のゲラを見ていたら、ちょっとしたミスが出てきました。ある人物がかぶっている帽子に「アナハイム・エンジェルス」として野球チームのロゴが入っています。この場面は1988年であることが特定されますが、エンジェルスは何度か名称が変わっていて、1988年にはカリフォルニア・エンジェルスを名乗っていたはず。おそらく作者は執筆時点での名称をそのまま使ったのだろうと思われます。登場人物に未来の帽子をかぶせてしまいました。

もう一件。ジュンパ・ラヒリ『その名にちなんで』（*The Namesake*）が、映画化を機に文庫で再発売されることになったので、あらためて文庫用のゲラを見ていたら、1968年の新聞記事に疑問が出ました。民主党大会の期間中にシカゴで暴動が発生したというニュースが載っているのですが、物語の時点は1968年8月。しかも偶然見つけた1カ月前の古新聞を読んでいるという設定です。暴動があったのは、この年の8月末のこと。タイミングとしてあり得ない話ですね。

どちらもゲラの段階で発見したということで、ご同業の方はお察しかもしれませんが、見つけたのは校正の担当者です。上の2冊とも新潮社から出ます。私は校正の人を直接には存じませんけれども、心の中では敬称のつもりで「慎重者（シンチョウシャ)」と呼んでいます。もちろん翻訳の時点で気がつけば、初めから修正してしまいます。どんな作品でも、似たようなミスの可能性はありますし、文脈として修正しきれないこともあります。小説の文章として自然に読めるなら、あまり過敏にならなくてもよいだろうと思いますが、1冊の本を世に送り出すためには、できるかぎり直しておきたいのも確かです。

さて、もし原作にミスがあるのなら、そのまま訳しておいて、もともと書いてあるとおりではないか、と開き直ることも、良心を押し殺せば、できないわけではない。ほんとうに恐ろしいのは、翻訳者が時代錯誤のミスを犯す危険です。いや、毎日が綱渡りだと言ってよいでしょう。過去の事実関係に何もやましいことがないという、そんな過去のあやまちのない訳者――そこまで潔白な人なんて、いるはずがないと思います。

何を言っているかの説明として一例を挙げれば、“post-bellum” という言葉は、「南北戦争後」の意味で使うのが通例ですが、フィッツジェラルドは「第一次大戦後」として使っています。では、そのように訳せばよいかというと、もちろん無理に決まっていますね。「第二次」が起こっていない時代に、「第一次」と言えるわけがない。古代の人々に「紀元前」と言わせるような錯誤です。日本の小説でも似たような現象はありまして、ある時代小説で奉行所の同心が「社会」のために働いていましたが、いかにも興醒めです。「世間」と言えばすむことで、わざわざ明治以降の言葉を使わなくたってよさそうなものを。

過去の話 II

ずっと現代語の作品ばかりを訳してきたあとで、初めて「古典」と言えるようなものに手をつけることになりました。「黒猫」そのほかの数篇で、エドガー・アラン・ポー（Edgar Allan Poe）の短篇集にしたのですが、考えてみると不思議なもので、ポーと同時代の日本語の文書を、私はどれだけ読めるだろうと思うのです。いまはフィッツジェラルドに取り組んでいますが、英語を母語としない私にとって、両者の難易度に大きな違いはありません（どっちも難しいと言っています）。でも日本語だったらどうなのか。大雑把な目安として、滝沢馬琴と芥川龍之介ほどの年代差があるでしょう。近代の日本語がどれだけ急速に変わったかと思わずにはいられません。

とは言いながら、ポーにくらべれば、時代背景は当然として、言葉遣いの上でも、何となくフィッツジェラルドのほうが新しい感じがすることは確かです。そこまで訳し分けようとは考えてもいませんが、100年近い時間経過があれば、少なくとも単語レベルでは翻訳に影響するほどの変化が出ています。古い辞書を引く必要があるでしょう。バロック音楽を古い楽器で弾くのと似ているかもしれません。それぞれの時代にあった意味の解釈を考えることもあるのです。たとえば――

The other face was gross, humorous, reckless of

everything but pleasure. ("The Rich Boy")

アンソンという金持ちの主人公を、その恋人ポーラから見ると、じつに立派だと思えるときがあれば、まったく別の顔をするときもある、という文脈です。ここで humorous とは何でしょうか。現代英語の意味では通じませんね。やや大きめの辞書であれば、古語として given to moods or whims のような説明が出ています（これは *American Heritage Dictionary* から）。この短篇が発表されたのは 1926 年です。うまい具合に 1913 年のウェブスター辞書がネット上で公開されています。また、いわゆる「ウェブスター第二版」という 1934 年の大物があります。この「第二版」は古書として手に入れるしかありません。私が持っているのは、かなり「新しい」時代に印刷されていて、もとの持ち主が "To Edna from Father. Christmas 1954." と書き入れています。どんな親子だったやら。このプレゼントが日本へ行って翻訳の道具になる運命だとは、夢にも思わなかったでしょうが——。

ともかく、こうして作品をはさんだ年代の辞書が引けるのですから、おおいに重宝いたします。どちらの辞書にも、humorous に対して capricious, whimsical などの意味が保存されています。フィッツジェラルドの時代には、まだ古語になっていなかったと考えることにしましょう。

ちなみに、この部分について、私は直前のセンテンスから続けて訳しましたので、上の例文と完全には対応していませんが、だいたい次のようなものです——

……その反面となる性質が、おかしな出現をする場合

　があった。つまり、下品で、気紛れで、楽しめること以
　外には無頓着になる。

　ポーを訳したときには、mere という単語が気になりました。現在では「～でしかない」という否定的な使い方をしますが、古くは「～にほかならない」という強い意味がありまして、ポーの文章には残存しています。それを無視して強引に訳した例も、過去にはあるようです。1911 年のブリタニカ百科（これもネットで引けます）が、新旧の意味について議論をしているので、そのあたりの時代が境目かもしれません。1913 のウェブスターでは共存状態です。1934 では一方に *Obs.*（廃語）の注記が出ます。フィッツジェラルドではどうかと言うと、いまのところ現代寄りの意味で使っているように判断していますが、これから仕事を進めていくうちには、迷うことがあるかもしれません。前述の作品には "merely hilarious" という表現があって、これはアンソンが酔っぱらって到着したときの形容なのですが、「ただ単に」hilarious なだけで、それ以上ではない、と受け取るべき文脈ながら、「まさしく」酔って騒がしかったという感覚も、何パーセントかは入っているような気がします。

　こんなことは、たまたま気がついた場合はよいのですが、うっかり見逃して適当に解釈してしまう恐れは、常にあるでしょう。でも、そういう見落としなら、まだ高級な部類でして、私などは文字通り「見落とす」ことがあります。視力のせいか気力のせいか、フレーズなりセンテンスなりを見落として、ゲラに「ヌケあり？」と書かれることが、それほどめずらしくないのです。だいぶ昔ですが、パラグラフを一つ抜

かしたこともあります。あ、いえ、つい最近、1ページ抜かしていて、校正係に摘発されました。それでも意味が通っていたのですから、けしからんのは作者か訳者か。

では、本章の最後に一言（ないし二言）。翻訳の話というと、どうしても細かいところに気をつける注意事項ばかりになりがちですが、それに劣らず（いや、それ以上に）大事なのが、先へ先へと読ませる推進力です。これについては、個人のセンス、リズム感の問題であり、また一つや二つの例文を挙げても仕方ないことなので、なかなか議論にはなりません。いい音楽でも聴いて鍛えるしかないでしょう。もちろん、定評のあるベテラン作家の文章を参考にしてもよいのですが、翻訳は原文との兼ね合いがありますから、もし特定の作家だけに影響されるとしたら、かえって害があるでしょうか。とにかく最初のうちはテンポが落ちないように気をつけるべきだと思います。1語ずつ訳したがるのは素人の悪い癖だと言ってかまいません。エッセンスを抽出するくらいの心がけでよろしい。また、パソコンの横書きに慣れている人は、ためしに縦書き表示に切り替えてみたらいかがでしょう。最近は大きな液晶ディスプレイが一般化したので、縦書きにも無理がなくなりました。私は縦のほうが書きやすいと思います。

さて、これで第Ⅰ章を終えます。あー、やっちゃった、という感じです。あまり理屈をこねるのはよそうと思っているのですが、つい書いてしまいました。実際の仕事中は、たいしたことを考えていません。「てにをは」で悩んだり、文末の処理で迷ったり、というような次元で手間どっています。いくつもの「訳し方」を発明している余裕なんてありません。原文から思い描いたことを、どうにか日本語でひねり出す、絞り出す、ということで、せいぜい一つしか出ないと思います。だからこそ「直訳・意訳」という発想法に不信感があるのですが。

第Ⅱ章

技術と道具

第Ⅱ章には、かなり早い時期の原稿も含めて、翻訳の技術と道具について書いたものを集めた。大きな修正はしていない。ということは、だいぶ以前から、いまと似たようなことを言っていたのかと気がついて、ほっとするような、がっかりするような気分である。ただ、原作との関係においては、この10年ほどで態度が違ってきたという自意識があるのだが、それについては次章以降で——。

1 小説の翻訳
——日本語の得意技

ふだん、いわゆる「講読」の授業をするとき、私は学生に翻訳をさせようとは思っていません。翻訳という仕事を大きく二つに分ければ、「書いてある英語がわかること」と「わかった内容を日本語で書くこと」になるでしょう。授業では、その第1段階まででよい、と思っているのです。第2段階までやろうとすると、時間ばかりかかって、授業としての能率が悪い。しかも困ったことに、学生によっては、「わかる」段階をとばしてしまい、いきなり安直な訳語に飛びつくために、何が何だかわからない呪文のような日本語を口にして、「わからないんですが、とりあえず訳してみました」という無意味かつ悲劇的な結果になりやすいのです。

なるほど授業中には、テキストの内容を日本語で答えさせられるかもしれませんが、それは理解したかどうか確かめるだけの便宜です。だから、うまくポイントを押さえてあるなら、解説ないし要約でもよいということになります。

ただし、もし翻訳までいったとしたら、それはそれで理解の方法としてすばらしい、とも考えています。翻訳しようと意識することで、注意力が鋭くなることもあります。また、どれだけ理解したか検証する方法としても、翻訳は役に立つでしょう。わかった以上に訳すことは不可能だからです。たとえベテランの小説家に匹敵するような筆力があったとしても、わかった内容を越えることまでは書けない。ふつうは話が逆で、わかったことをすべて書ききれずに悶え苦しむものなのです。そうでなければいけないとも言えます。わかっていないことを訳せるはずがありません。

まず「わかる」ことが翻訳の基礎なのです。私自身、ある本を訳し終えて、その原稿を編集者に渡すときは、答案を提出する学生と似たような気持ちです。翻訳原稿とは、そこまでは原書を理解したが、それ以上はわからなかった、と告白している文書なのです。

翻訳のドア

さて、ここから先は、小説の文章を題材に、教室での和訳よりは踏み出して、読み方にもう一工夫してみようという人のために、私の知っているコツといいますか、目のつけどころのヒントをいくつか紹介します。ですが話の要点は、イマジネーションが勝負の決め手、ということ、その一点に尽きます。では翻訳へのドアを開けるつもりで、ドアの話から始めましょう。

次の例を読んでみてください——

Ferris rested his head on the chair back and closed his eyes. In the following silence a clear, high voice came from the room down the hall.

"Daddy, how could Mama and Mr. Ferris——" A door was closed.

(Carson McCullers, *The Ballad of the Sad Café and Collected Short Stories*)

いまフェリスという男は、以前に妻だった女性の家に来ています。この女性は再婚して子供もいる。それだけのことを念頭に、もう一度読んでください。全体に読みやすい構文ですが、とくに最後の文など初等文法の教科書にありそうなくらい単純です。ところが翻訳者は、この文の処理にこそ時間をかけるでしょう。なぜ "a door" なのか、というところが翻訳のドアの鍵になります。

もし、フェリスのいる部屋のドアが閉まったのなら、それを "a door" と意識するのは不自然です。もちろん、たとえばドアがいくつもある大きな部屋で、そのうち一つのドアが閉まったとでもいうのなら別ですが、そんな可能性をこじつけるよりは、この部屋のドアではないと想定したほうが、はるかに辻褄が合う。つまり、ドアの閉まる音が聞こえただけなのです。フェリスの頭の中には、"the door" と言いたくなるほどの、くっきりしたドアのイメージがない、と考えてよいでしょう。ある程度の距離をおいて、どこかのドアが閉まったということを、フェリスが耳で認識したわけです。小説の翻訳者は、そういう感じをうまく出そうとします。ちょっとした差異の積み重ねが、1篇、1冊の味わいを決めていくからです。

もう一つポイントがあるとすれば、受動態であることでしょうか。"A door closed." と自動詞にしても文法上はかまわない。しかし作者は "was closed" を選んだ。もし「閉められた」のであるならば、閉めた誰かがいるということ。つまり行為者の存在を暗示したかったのです。当然ながら、閉めたのは子供の父親でしょう。大人の人間関係にとっては困るセリフを子供が言いかけたので、そばにいた父親がドアを閉めたにちがいありません。もちろんフェリスだって、そのように考えたはずです。この短い文は、ドアが閉まったという事実を述べるにとどまらず、その事実をめぐるフェリスの感覚、心の動き、また大人たちの緊張をも伝えていることになります。

では、そこまでわかったとして、これをどう訳したらよいのか。ためしに西田実訳（白水社）を見ると――

> フェリスは椅子の背に頭を休めて目を閉じた。それに続く沈黙を破って、廊下の向こうの部屋から澄んだ高い声が聞こえてきた。
> 「パパ、どうしてママはフェリスさんと――」それから、ドアをしめる音。

最後の文では、二つの要素を補ってあります。「それから」と「音」です。もっと正確に言えば、原文になかった「それから」を補い、原文が隠し持っていた「音」を文字化してあるのです。いま問題なのは音であると明示することで、"a door" の "a" まで訳しきったのだとも言えます。

「それから」については、これが文章の呼吸であるとしか言えません。訳者の日本語感覚でそう決めたのでしょう。私も補うことに賛成です。これがないとセリフのあとのドアがいかにも唐突に聞こえる。一般に、英語よりは日本語のほうが、文と文のつなぎ言葉を要求するのではないか、と私は考えています。しかも、ここでは「それから」のおかげで、ずいぶん口調がよくなりました。これは大事なことで、リズム感がよければ意味も伝わりやすいのです。そしてリズムは訳文の読みやすさを決定的に左右します。

しかし補ってばかりだと、もとの英語より冗長になる危険もあります。そこで体言止めにして日本語を切りつめたのでしょう。「ドアをしめる音が聞こえた」とまで書いたのでは、さすがに長すぎます。「しめる」という他動詞にしたのは、行為者の存在を知らせる点で効果があります。「閉める」と書かなかった理由はわかりません。漢字かひらがなかという選択も、じつは悩みの種になるのですが、理屈では説明できないので、ここでは立ち入らないことにします。ただ、字面、見た目の印象というものは、なかなか馬鹿にできない（バカにできない、ばかにできない）とだけ言っておきましょう。

似たような例を挙げます――

A door slammed in another part of the house and he heard a voice, Eva's voice.

どこかでドアが勢いよく閉まって、人の声がした。エヴァの声だ。

（William Kittredge, *We Are Not in This Together* ／ウィリアム・キトリッジ『三十四回の冬』）

Maneck did not sleep well. A window kept banging in the wind ...
よく寝られなかった。いつまでも風にばたつく窓があって……

（Rohinton Mistry, *A Fine Balance*）

もうすでに「音」だけの問題だとわかるでしょう。とくに “in another part of the house” となっていたら、あまりにも明らかです。ドアも窓も、それぞれの人物からは見えていない、ということを意識して訳すようにします。実際には、文脈があって訳すので、いちいち「音」とか「聞こえた」とか書かなくてもすみます。どうせ1冊の本を訳すうちには、補う箇所がいくつも出るのですから、節約できるところは節約して、全体のインフレ防止につとめる、というのが私の方針です。

念のために言えば、いままでの例では、いずれも “a door”, “a window” というように不定冠詞がヒントになっていましたが、いつもそうだとは限りません。たとえば――

Then I heard the doors slam, one by one, down the hallway.
廊下のドアがばんばん閉まっていった。

（Fae Myenne Ng, *Bone*／フェイ・ミエン・イン『骨』）

この場合には、音で聞いているだけなのに “the doors” とされています。これは主人公が学校にいて、そこが母校でも勤務先でもあるために、よく知っている「そのドア」のイメージが、廊下の先まで鮮明だったのでしょう。

こういうことは日本語の文章についてなら、うまく勘がはたらいて、したがって無意識に了解していることもできます。

ドアが開け閉めされたのだろう。店内で流れている音楽が聞こえて、消えた。（宮部みゆき『返事はいらない』）

これを読んで、目の前にドアがあると思う人はいないはずです。ところが、まったく同じようなことが、英語だとピンとこない。情景が浮かばない。日本語で育った者にとって、英語の勘がにぶいのは当たり前です。そこを何とかしようとするのが翻訳で、イマジネーションと文法知識を武器にして、ちょっと気をつける精神で読んでいくのです。

ドアの先

では、いよいよドアを入ったとして、その次の話へ移ります。入ってからが問題になる例を一つ——

Coming in at the front door and finding himself a chair, he lighted one of the stogies and crossing his legs began to talk. He seemed intent upon convincing the boy of the advisability of adopting a line of conduct that he was himself unable to see.

（Sherwood Anderson, *Winesburg, Ohio*）

とりあえず話題にしたいのは最初の文です。この部屋は、さる田舎町の地元新聞の編集室。ちょうど大人がいなくなり、少年が一人になったときに、町の住人で医師と自称する薄汚い男が入ってきた、と考えてください。この男はどういう入り方をしたのでしょうか。

ともかく、ざっと読んだ印象で、じつに流れのよい文章だと感じられます。分詞を多用した構文に平易な日常語を組み込んだ、という感じ。どのように訳すとしても、この流れを淀ませることだけは禁物です。もし、すべての単語、語句について、きちんと訳語をあてたつもりでも、なめらかなリズムに乗れなければ、たとえ誤訳でなくても悪訳というべきでしょう。そして悪訳のほうが原作への裏切りとして罪が重いだろうと私は考えます。

この例文では、適度なスピード感そのものが意味に関わってもいます。あれよあれよという間に入ってきた、というわけです。（呼ばれてもいないのに）表通りからやってきて、（どうぞとも言われないうちに）椅子に腰かけ、（頼まれもしないのに）言いたいことを言いだした。そんな様子を、どの一つの単語でもなく文の全体から感じとるのです。そのように感じたら、“finding himself a chair”を「自分のために椅子を見つけ」などと訳したくはならないでしょう。「勝手に坐りこみ」くらいで充分。

そして、このように訳せるところは翻訳者にとってありがたいのです。こういうところを大事にして、キャラクターをつくっていきます。人物が平板になってしまったら、小説がつまらなくなる。すなわち、原作への重大な裏切りです。どんな作者も、自分の作品をつまらなくされたくはないでしょう。

では、また例文に戻ってください。この引用からは、ほかにも翻訳上のポイントが見つかります。一つは “stogies” をどう処理するかという問題です。翻訳をするときに注意する単語は、受験生が入試対策として苦しむ単語とは、種類がちがいます。ある文化なり生活なりに密着した日常語がむずかしいのです。ともかくも辞書を引いてみましょう。

> 長い粗製葉巻、（一般に）葉巻；がんじょうな安靴、どた靴（『リーダーズ英和辞典』）
> 1. 細巻きの長い安葉巻。2. 粗末で頑丈な安靴、どた靴（『ランダムハウス英和大辞典』）
> 1 *a*) a long, thin cigar, usually inexpensive　*b*) loosely, any cigar　2 a heavy, roughly made shoe or boot (*Webster's New World Dictionary*)

と、まあ、切りがないのでこれくらいにしますが、どうやら意味を決めるのは、それほど厄介ではなさそうです。まず「靴」は論外。そのあと「葉巻」をどうするか。ただ葉巻とだけ書いたのでは、でっぷりした社長タイプの人を連想してしまいそうで危ない。やはり「安い」という要素は捨てられない。「長い」や「細い」はなくてもよい。つまり、本来の意味のなかから、小説の文に取り込めそうな必要限度の訳し方をねらう、ということです。「安葉巻」でしょうね。何なら「安葉巻《ストーギー》」にしてもよい。学術論文とちがって、小説ではなるべく注釈をつけたくありません。文章の流れを止めてしまうからです。そこで一種の説明がわりとしてフリガナ（編集者のいうルビ）に頼ることも少なくないのです。こういう印刷方法が日本語にあるおかげで、どれだけ助かっていることか。

細かい話をしていると思われるでしょうが（たしかに細かい活字の話をしていますが）、これは案外、高等技術なのかもしれません。ちがった文化に属する言葉を並列させて、一瞬のうちにわからせるのですから。たいていルビを使うのは、訳語だけでは心許ない場合です。日本語ではすくいとれない何かがあるという場合。ということは、文化の差に関わる場合です。私がインドのゾロアスター教徒を主人公とする小説を訳したときは、教典《アヴェスター》、聖紐《クスティー》、香料《ローバーン》、火の祭日《バフラーム・ロージェー》……とルビのお世話になりました。

なだめすかして、ごまかして

文化の差は、さまざまな問題を翻訳者にもたらします。たとえば、誰かが “touch wood” する、二人で “wishbone” を引っ張りっこする、というような場面が出たら、いくらか説明ぎみに訳さないと、日本の読者にはわかりにくいでしょう。また、“brother”, “sister” というありきたりな単語で悩むこともあります。年齢がわからないと日本語になりません。もし漢字で書くとしたら、“uncle”, “aunt” も困難です。私の印象にすぎませんが、アジア系の作家が書いた小説では、長幼の序がわかりやすいような気がします。どうしても特定できなければ、訳者がしかるべく判断するしかないでしょう。私の都合で決めてしまったこともあります。ある女性が甥の話をする場面で、兄の子か弟の子か断定できなかったのですが、この brother の妻に言及する必要もあったので、兄と決めました。すっきり兄嫁と訳せるからです。

また文化の差によって、言葉の制約も生じます。たとえば「おれの目の黒いうちは……」と凄んでみせたり、そう言われて「目を白黒」させたりできるのは、どちらの目も黒いという暗黙の前提がある社会だけでしょう。「膝詰め談判」の対決も、畳の上なら迫力がありますが、“across the table” だったらどうでしょう。ある文化に根ざした言葉ほど（したがって、その文化のなかで味のある表現であるほど）訳語としては使いづらくなるのです。江戸時代の男女に「愛してる」などというキリスト教的、明治以降的なセリフを言わせたのと同じような違和感が出るでしょう。「親分、てえへんだ、大川に土左衛門が……」ならいいですが、「やあ、ホームズ君、テムズ川に土左衛門だよ」とは言いづらい。つまり、日本語らしく訳すのは当然なのですが、日本語になりすぎても困るということがあるわけで、いわば駒落ちで将棋をさすようなものだと思わないでもありません。しかも敵は英語文化における言葉の達人たる小説家です。だから、こちらは手持ちの駒をできるだけ活用しながら、もとの表現にあった勢い、鮮やかさ、鋭さ、美しさ、などなど──言葉のエネルギーの総量というべきもの――に負けまいと踏ん張るのです。

そのためには逐語訳（単語と単語の対応をもって忠実な訳と考える）方式では、絶対に立ち行かなくなります。英語と日本語、どちらの顔も立つように、頑固者同士をなだめて、どうにか折り合いをつけさせる、という策略の連続で、かろうじて切り抜けるのです。どんな手を使ってもかまいません。ある箇所で訳しきれなかったら、ほかで帳尻を合わせるくらいの開き直りも必要でしょう。わかりやすい例をあげれば、学校の先生を “Miss ...” のようにいう場合どうするか。私の好みは、「～先生」と日本語の習慣に合わせておいて、どこかで女の先生だとわかるように配慮する、という方式です。手っ取り早いのは、次にセリフを言わせるとき、女性らしい言葉遣いにすることでしょう。話し方で男女別をわからせるのは、日本語の得意技です。

もっと面倒なのは、冗談や洒落を訳さねばならないときです。言葉の遊びをそっくりそのまま訳せるような幸福な事例は、まずありません。少々の無理をしてでも、日本語で洒落をつくりなおすことになります。私の記憶にあるなかで、比較的に幸福だった例を一つ、紹介しておきましょう――

（夫がテレビを見ているそばで、妻はオルガンの置き場所を考えているが、そのオルガンにはテープレコーダーが組み込んであるという状況で）

"I know an organ wouldn't exactly fit in here," she was saying.

Michael clasped his hands over the back of his neck and leaned forward.

Sylvia's words intruded, and he imagined a slab of someone's liver displayed on a dish on the coffee table.

"You're right. It wouldn't fit," he said.

(Robin Hemley, *All You Can Eat*)

「…内蔵のあれなんか、置いとけないわねえ」

マイケルは首筋あたりで手を組んで、体を乗り出した。

いきなり内臓と耳に入ったので、誰かの肝臓がべろんと皿に乗って、コーヒーテーブルに置かれるのかと思った。

「そりゃ、そうさ。置いとけない」

（ロビン・ヘムリー『食べ放題』）

と、ごまかしたわけですが、たまたまテープレコーダー内蔵式のオルガンだったので、訳者が救われたのです。さもなければ英語の organ の二つの意味（もちろん「オルガン」と「臓器」）を、どうやって処理できるでしょう。「蔵」と「臓」の差くらいは大目に見てください。とにかく、ここで作者が言葉遊びをした、ということだけは読者にわからせる必要があるのです。極端に言えば、単語の訳などどうとでもでっちあげればよいのであって、もとの表現がもっていた「言葉エネルギー」に近づくこと（できれば等価であること）が目標なのです。最終目標は、もとの本と似たようなエネルギーのある１冊を、日本語でつくることですが。

得手不得手

だいぶ話を広げてしまいました。もう一度、さっきの引用をくりかえしましょう——

> Coming in at the front door and finding himself a chair, he lighted one of the stogies and crossing his legs began to talk. He seemed intent upon convincing the boy of the advisability of adopting a line of conduct that he was himself unable to see.
>
> （Sherwood Anderson, *Winesburg, Ohio*）

今度は第２文を見てください。ドアを入って勝手に坐りこんだ男がしゃべりだします。流れのよさは第１文と同じですが、"the advisability of adopting a line of conduct" 云々と、いくらか（受験生的な意味で）むずかしい語句を使いだしました。この "advisability" のような抽象名詞は、英語の得意技であると言えましょう。抽象性を苦手とする日本語で抽象名詞を使うとしたら、ひどく難解になったり、へんに突出したりしないよう、用心することが advisable です。相手の得意技とまともにぶつかるのは、できれば避けたほうが無難でしょう。はぐらかすのも戦術です。

この第２文の言葉遣いは、男の口ぶりを反映したものではないでしょうか。何やらの理屈っぽい講釈を始めた、という雰囲気があります。じつは、この引用箇所のある章は、"The

Philosopher" と題されているのです。そこで、名詞と名詞をぶつけようとして意地を張るよりは、うまく男の口調をにおわせたほうが賢明であり、かえって原文に対して誠実でもあると私は思います。しかも日本語の得意技が使えます。セリフであるようなないような、どっちつかずの表現が、英語よりも容易にできるのです。「およそ人生の得になる身の処し方は、などと言って聞かせたいように……」

この「得意技」という発想は、翻訳のコツとしてお薦めしたいと思います。ふだんから英語と日本語をよく観察して、どういうところが得手不得手なのか、気をつけておくとよいでしょう。たとえば、擬態語、擬声語の類は、日本語の決め球として効果絶大です。使いすぎには注意。ですが、私としては次のような例で、どうしても使いたくなりました。

There were rats in the ditch, but it was a pretty part of town in June when the wineglass elms were heavy with leaves.

川にはドブネズミがいたが、ワイングラスの形をした楡の木に、ゆさゆさと葉がつく六月は、ちょっとした町の名所になった。

（Paul Theroux, *My Secret History*／ポール・セロー『わが秘めたる人生』）

The brick caught him on the forehead, and Gustad heard the crack. Tehmul dropped without a sound, his figure folding gracefully.

レンガはタヘムルの眉間に命中した。がつんという衝撃をグスタードは聞いた。タヘムルはゆらゆら華麗に折れ曲がりながら、音もなく倒れた。

（Rohinton Mistry, *Such a Long Journey* ／ロヒントン・ミストリー『かくも長き旅』）

こうしてみると、英語のほうが分析的だという特徴がわかると思います。上の “heavy with leaves” でいうなら、重くなっている、葉があるからだ、という思考の過程を感じさせますが、それを「ゆさゆさ」と一瞬でつかまえる日本語は、直感的、情緒的ということになるでしょう。

最後にもう一つだけ、言わせてください。さきほどアンダーソンから引用した第２文にある関係代名詞（that）についてです。関係詞というと、文法の時間に習ったとおり、「そっちから先に訳す」という癖がついているかもしれませんが、あらゆる翻訳の法則と同じく、絶対的なものではありません。日本語の都合で「そっちから先に訳す」ことがあっても、作者は何を先に言ったのか、どのイメージを先に浮かばせたのか、というオリジナルの順序は常に意識していること。「何が先か」は文章にとって大事な戦略なのですから。

引用文の場合、私ならオリジナルの順序を優先します。おかしな男が小難しい理屈をこねている、と思わせておいて、そのあとで、じつは当人もわかっていない、と落ちをつけたほうがおもしろい。「およそ人生の得になる身の処し方は、などと言って聞かせたいように夢中でしゃべっていたのだが、自分でもわかっていなかった」。

では、この引用をそっくり訳したらどうなるか。見本をみせろと言われるにちがいありませんが、これだけ私自身が理屈をこねてしまうと、できるものではありません。およそ翻訳のやり方は、などと言って聞かせたいように夢中でしゃべってきましたが、自分でもわかっていないのです。あしからず。

私が考える翻訳は、美術品の複製をつくるような作業です。オリジナルのブロンズ像からレプリカの木像をつくるようなものでしょう。まず第一に、原作をじっくりと観察します。大きさ、形、重さ、表情……。何がエッセンスなのか……。それから、ちがった素材によって、同じような印象をたたえた像をつくります。木には木の持ち味がありますから、それも大事に、というのが翻訳の理想像。言葉の横すべりではないのです。その英語が本当は何をあらわそうとしているのか、それをどうやって日本語ですくいとるか。文法の知識にささえられたイマジネーションの働きにかかっています。イマジネーションの開発という意味では、あらゆる学問のための基礎訓練にもなるのではないでしょうか。

参考文献（引用順）

Carson McCullers, *The Ballad of the Sad Café and Collected Short Stories* (1955) p.85.（カーソン・マッカラーズ『悲しき酒場の唄』西田実訳、白水社）

William Kittredge, *We Are Not in This Together* (1984) p.14.（ウィリアム・キトリッジ『三十四回の冬』小川高義訳、中央公論社）

Rohinton Mistry, *A Fine Balance* (1995) p.240.

Fae Myenne Ng, *Bone* (1993) p.136.（フェイ・ミエン・イン『骨』小川高義訳、文藝春秋）

宮部みゆき『返事はいらない』（新潮文庫、p.87.）

Sherwood Anderson, *Winesburg, Ohio* (1919) p.39.

Robin Hemley, *All You Can Eat* (1988) p.108.（ロビン・ヘムリー『食べ放題』小川高義訳、白水社）

Paul Theroux, *My Secret History* (1989) p.3.（ポール・セロー『わが秘めたる

人生』小川高義訳、文藝春秋）

Rohinton Mistry, *Such a Long Journey* (1991) p.333.（ロヒントン・ミストリー『かくも長き旅』小川高義訳、文藝春秋）

2 虎の子の翻訳術

さて、何かしら翻訳について書こうとしているのだが、じつは翻訳論は好きになれない。ついでに言えば、「訳者あとがき」というやつだって、書かずにすむなら書きたくない。私の場合、いつの間にか翻訳をする立場になったものの、まだ当分は現役でいたいから、プレーヤーが解説者になったような物言いをしたくないのである。

と、格好のいいセリフを吐いてしまったが、本当はいじましい計算も働いて、せっかく覚えたわずかな虎の子の翻訳術をむざむざ人に教えたら、自分の商売があぶなくなるではないかとも思っている。

たしかに学校の教師をやっているので、わかったような顔をして教壇に立ちもする。だが教えるのは英語の読み方までである。その先の日本語にする作業については教えない。というより教えられない。これだけは、ふだん手本として読んでいる日本語の小説から、少しずつ見よう見まねで覚えるしかないのではないか。

たったいま「いじましい計算も働いて」と書いたが、これも他人の物まねである。ちゃっかり無断借用で使わせていただいた。しかも二重の意味で拝借している。その種明かしをすれば、いくらかは翻訳談義めいたものになるかもしれない。

名翻訳家の平生の心がけ

　ここ数年、文庫本で時代小説を読むのが趣味になっている。そういうものを潤滑油にしていなければ、ただでさえもどかしい思いをしている日本語が、たちまちに錆びつくだろうから、もともと実益をあてにしているとも言える。これまたいじましい計算である。もちろん、日本語がもどかしいというのは、それより英語のほうが得意だなどという不遜なつもりでは毛頭ない。日本語はむずかしいと言っていばっている日本人も鼻持ちならないが、日本語ならわかると思っている日本人も信用できない。

　この趣味に開眼したのは藤沢周平のおかげである。たまたま短篇を一つ目にしたのがきっかけで全作品を買い集めた。といっても文庫本に限っているのがいじましい。そのなかで文春文庫にある『よろずや平四郎活人剣』が、翻訳の上からは興味をそそる。いや、藤沢作品はどれだって文章のお手本にしたいのだが、『平四郎』の（下）の巻末には村上博基氏による解説がついていて、これが絶品なのである。しかも名翻訳家が平生の心がけを示してくれたようで、あとから進む者にとっては願ってもない手引きになる。

　さる編集者筋から聞いた話では、翻訳ではベテランの村上氏が、あまりご自身の文章をお書きになっていないという。

一種のダンディズムかもしれないそうだ。もったいない。あの解説のような文章がいくつも集まったら、またとない翻訳の秘伝書ができるだろう。そういう翻訳論ならかじりついて読みたい。

ともあれ、その解説の解説をしよう。長さは６ページ半ばかり。ほぼ前半をついやす分量で、藤沢作品について、また『平四郎』の構成について、解説の義務を果たしておられる。それだけでも解説にありがちな事務的説明とは雲泥の差なのだが、本当におもしろいのは後半である。そこでは本篇からいくつかの引用をして、いかに味のある表現であるかを説き、これを翻訳にも使ってみたいものだと書かれている。その引用文もさりながら、いずれ使わせていただく、という村上氏の口ぶりが私にはおもしろくてたまらない。

たとえば、ある悪役の老人が、「お前さんが糸を引いている」のだろうと平四郎に問われて、「何をおっしゃいますやら」とすっとぼける。それについて――

> 何をおっしゃいますやら。こんなせりふを一度でいいから、翻訳小説の作中人物にいわせてみたい。わたしは好きな作家を読むとき、いま訳している商売物のどこかで使えぬかと、いじましい計算も働いて、ほほうと思ういいまわしをメモし、読後、頭のなかのノートに書き移すことにしている。はやい話、この「いじましい計算も働いて」が、読んでおわかりのとおり、本書より早速の借用である。いずれ翻訳でかならず使わせていただく。
>
> （藤沢周平『よろずや平四郎活人剣』解説〔村上博基〕より）

と、まあ、こういう調子で、お気に入りの作家を読む楽しみを語ると同時に、いい表現を見つけて、うれしくなって、自分でも使ってやれ、という気持ちが述べられているわけだ。およそ翻訳をする人間なら、わくわくするほどの共感を覚えるだろうと思う。あるいは、そういう水準で訳していたいという憧れ、といったほうがよいかもしれない。ともかく、これでもって私の頭の中では「いじましい」と「計算」が瞬間接着されてしまった。一生くっついたままだろう。

感応、イメージ、計算

もう一つだけ、氏の解説から例を挙げておく。小説を引用した解説から引用するので、どうも煩雑になってしまうのだが、平四郎が大根の煮しめを「土間に立ったままあふあふいって喰った。熱くてうまかった」という箇所を引き合いに、擬声語への分析をする。

> 熱い大根を食うオノマトペが「あふあふ」。これだけでも〈やってくれた〉なのに、前後をよく見ていただきたい。この作家、「言う」という動詞はいつも漢字書きだが、ここでは平仮名を使っている。だから、「ったままあふあふいって」と、ずらり仮名がならび、しかも「まま」と「あふあふ」のあいだにあっていい読点がない。読者はオノマトペを、声には出さぬが頭のなかで音

> 読する。したがって、ここは大変読みづらい。それこそあふあふいって読まねばならない。だが、読みおえるとすぐ、「熱くてうまかった」とつづくのである。つまり、読者はくわされたのだ。平四郎といっしょに、熱い大根の煮しめをあふあふ食わされてしまったのである。大根の煮しめが大きらいなわたしにも、平四郎の舌つづみはきこえてくる。

どうです？　いい見本でしょう？　プロの翻訳家はこんなことを考えているのだという見本。おそらく、この仕事に向いているのは、へんに冷静な理屈屋ではなくて、「あふあふ」を見てうれしがっているタイプなのである。何があふあふだ、ばか言ってら、という人には、所詮、縁のない世界である。あふあふに感応してイマジネーションを呼び覚まされ、ひょっこり浮かんだイメージに喜んでいないといけない。同時に、いじましい計算を働かせ、どこが漢字で、どこが平仮名で、どこに点を打って、と自分の役に立てることを忘れない。

感応、イメージ、計算――。というように神経細胞が働いてくれたら、翻訳においては吉である。いまは「あふあふ」という日本語の例だったが、英語を読むときにも同じようなことが起こる。字で書いてあることが頭の中でイメージになる。英語から日本語へ訳す、と言ってしまうけれども、これは途中経過を省略した言い方であって、ちゃんと訳すのであるならば、まず英語の文字をむにゃむにゃした何かに変換し、それを日本語で書きあげるという手順があるはずだ。その前段ではむにゃむにゃに感応して喜び、後段ではいじましく計算をめぐらす。

翻訳家とは指揮者である

よく私は、翻訳仕事をオーケストラの指揮になぞらえて、人知れずにんまり笑みをもらしている。あるいは芝居の演出か映画の監督でもよいけれど、どうせ心の中の自己満足だから何でもよい。私は指揮者になっていたい。

まずはテキストがある。音譜がある。よほど古いものなら自分で校訂することもあろうが、たいていは信用できる出版社の印刷物でよいだろう。じっくりとオタマジャクシを見る。それだけなら符号の羅列にすぎない。だが頭の中では音楽が鳴っている。指揮者の頭はデジタルからアナログへの変換器だ。読み取り精度は高いほどよい。まあ、素人ではないのだから、規格の水準くらい越えるだろう。その条件ならピックアップ回路に独自の機能があってもよい。読み取りもアートである。

その次は、いよいよ現実に音を鳴らす。読みとったものに形をあたえる段階。いい音をいいテンポで鳴らしたい。もたついた音楽はつまらない。リズムの悪いモーツァルトなんて誰が聞くものか。スピード感、音色、強弱……というあたりはすべて指揮者の胸ひとつ。もとのオタマジャクシをどれだけ生かして泳がすか。

そんなことを考えて、にたにたするのが私は好きである。

この人物にはこんなふうにしゃべらせよう、というような計算もするから、たしかに演出家に近いところもある。それだけの楽しみがなければ、ちまちまと時間をかけて長いものを訳そうとは思わない。そもそもオタマジャクシが元気に泳げば泳ぐほど、原作に誠実であることにならないか。オタマジャクシを死なせてしまったら、それこそ裏切りなのである。忠実な訳、という言い方は単語と単語を突き合わせているだけのような感じがして、どうもいただけない。誠実のほうがよい。

趣味と実益をかねた翻訳

そういう楽しみの面からは、おあつらえ向きの作品に出会った。まさに趣味と実益。ロヒントン・ミストリーの『かくも長き旅』（文藝春秋）という長篇である。原書は Rohinton Mistry, *Such a Long Journey*（1991）。

この作家、すでにカナダでは掛け値なしに一流といえる。1952年、インドのボンベイに生まれて、1975年にカナダへ移った。パールシーと呼ばれるマイノリティの出身である。本当はパールスィーと表記するほうが原音に近いらしいのだが、私の訳文では少々の簡略化をおこなった。この人たちはササン朝ペルシャの崩壊後（なんていう話は高校の世界史を思い出しますね）インドへ逃れたゾロアスター教徒の子孫であるそうな。ちなみにインターネットにはゾロアスター教のページがあって、宗教用語集やら教典《アヴェスター》を読むための辞書がダウンロードできる。宗旨を同じくする男女の出会いの便宜まで計られている。古代宗教のハイテク。

これまでにミストリーは５冊の著書を出しているが、この本はその２冊目で、私の好みからすると、ミストリーの魅力を堪能するには最適だ。コーダダード・ビルディングと称するアパートを舞台にして、そこに住まう銀行員グスタード・ノーブルを取り巻く人間模様、といったようなものだけれども、親友である元軍人ジミー・ビリーモーリアの失踪にまつわる事件から、思いがけず奇怪な政治情勢に引き込まれるサスペンスでもある。ただ、あくまで魅力の主体は人間像だといえるだろう。どこにでもいそうで、それだから小説の人物としておもしろい人々のドラマである。

そこに一種の時代小説めいた味がある、と私には思われた。アパートは横に 10 戸ずつならんだ３階建て。九尺二間の裏長屋よりはずっとましな住まいに、両替屋の通いの番頭、じゃなかった銀行勤めのグスタードがいて、担い売りのミルク屋その他がやってきて、口やかましい婆さんがいて、与太郎さんというべき若いのがいて、と役者はそろっている。グスタードは息子と喧嘩をして、勘当でもしてやりたいくらいなもので、そうしたら息子のほうが、こっちから出てってやらあ、とは言わなかったが出ていった。そこへ、このごろ行方知れずだった元は直参の旦那から、ちょいと頼まれごとをしてしまい、するとお庭番くずれのような油断のならないやつが旦那の使いだといって近づいて……と調子に乗って書いているが、これでけっこう物語の筋をたどっている。

またミストリーの文章が、いささか古風な格調を帯びていて、かつユーモラスでも猥雑でもあるというのだから、私としては大喜びだったのである。これなら市井の人情もの路線でいける、さあ気分は藤沢周平だ、という身のほど知らずのはしゃぎようで、「はて面妖な」とか「怒っちゃいやですよ」とか、編集者から文句が出ないかとびくびくしながら、やりたい放題に訳してきた。文句をつけなかった編集者に感謝。

そして、一番うれしかったこと。いつもグスタードは夜明けの祈りをするのだが、病身の友のために祈りながら、いま死なれてはこっちが困るという思惑もあるところで、こんなふうに訳してしまった。「……自分を恥じる気持ちがグスタードにあったのも確かである。朝の祈りには、いじましい計算も働いていたからだ」

うっふっふ、やりおったの。はい、さようで。

さあて、この次はどこかで「みみっちい計算」とやってみたい。これは宮部みゆきが書いているのを見つけた。いずれ使わせていただく。

3 この「泡」は、うっかり水に流せない

商売柄、英語の辞書は年中無休で引いている。辞書なしでは成り立たない稼業である。また日本語の辞書も世間なみ以上には引いていると思う。だが、いずれにしても使う立場の人間であって、辞書を作る苦労については、とうの昔に、わずかな期間だけアルバイトで新語辞典の制作現場をのぞいた程度にしか知らない。

だから使う側の勝手な感想ではあるのだが、英語と日本語の辞書を行ったり来たりしていると、意味をどこまで精密に記述してあるかという基本性能において、英語の辞書に軍配を上げたくなることが多い。

もちろん、私が日本語の環境に生まれ育ち、英語は無理やり覚えようとしている外国語だという条件も考えねばなるまい。英語の辞書を引くときは、おのずと謙虚になっている。知らないものを教えてもらおうとしている。ところが日本語の場合は、なまじネイティブスピーカーであるだけに辞書への採点が辛くなる。

しかし、この条件を勘案しても、やはり英語の辞書は見事だと思う。いわゆる英英辞典なるものを何冊か引いてみれば、厳密に語義を検討した結果として、いくつもの説明が成り立つということがわかる。とりわけ鋭いメスで意味を解剖

していくようなMerriam-Webster系列の辞書に感嘆するが、どれにもそれぞれの持ち味があって違うことが書いてある。そして、その違いによって救われるものなのだ。次々と引いているうちに、アッと驚いてスッと腑に落ちる説明が出てくる。だから、日本語に訳そうとする場合でも、英和より英英を引くほうが適切な訳語を得る確率が高い。

辞書はありがたいものだとして記憶に残る例を挙げよう。私が訳したわけではないが、訳したい気持ちをそそられる作品である。

アメリカの日系作家Hisaye Yamamotoの代表作に“Seventeen Syllables”という短篇がある。母と娘の関係が焦点となるから、読者は十代半ばの娘がどこまで成熟しているのかを見きわめなければならない。そのためのヒントを作者はいくつも与えている。いわば隠しアイテムを拾って進むことが大事なのだ。たとえば娘の入浴シーンがあって、少女の裸体は映画的に動きを追って描かれる。この若い伸びやかなイメージは彼女が成熟に向かっていることを思わせるが、立ち上がった少女は全身に湯をかけて石鹸（lather）を落としている。

> Then, standing up...she obtained more hot water and poured it on until she was free of lather.

ここで「lather ＝石鹸の泡」という単語帳式の結びつきで満足したら、もうアウト。念のため英和でもいいから辞書を引いて、“lather”には「興奮」の意味もあるとわかったら、ファウルで粘ったくらいにはよい。もし英英を引いたのであれば、ようやくヒットの可能性が出る。つまり“lather”とは、“a foam formed by soap or detergent agitated in water, as in washing or shaving”なのだと納得する。この定義は *American Heritage* のものだが、いくつかの辞書が agitated や agitation という語を使って説明する。これがバットの芯にあたった感じなのだ。心理状態としての agitation につながることがよくわかる（ただし、*OED* を見ると、歴史的には「石鹸の泡」→「（馬の）泡のような汗」→「興奮」という段階を踏んでいるらしい）。

ついでに、心理にまつわる定義としては、“impatient, troubled excitement”（*Webster's II New College Dic.*）、また“a state of nervous tension”（*Random House*）というのだから、ますます場面の理解を助けてくれる。悩みごとがあって安まらない状態である。

さて、少女は“free of lather”になるまで湯をかけた。すっかり石鹸を落とした裸身を想像してニヤニヤするのも悪くないが（まあ、何にせよ想像力は大事だけれども）、ここは一つ、作品のテーマと関わるように、家族内の人間関係から生ずる悩みを、とりあえず忘れたがっている場面なのだと考えることにしたい。もうすぐ成熟する年齢であるのに、複雑な大人の世界に関与する不安から当面は“free”になっていたいのである。

一つの単語を辞書で引くだけで、これだけのヒントが出てくる。もちろん私の解釈にすぎないが、少なくとも作品の結末——母から娘に言いたいことが伝わらない断絶——と矛盾してはいないはずだ。また、そうやって考えたことは、どことなく語り口の差になって訳文に現れるだろう。それこそが肝心。この一箇所だけの問題ではないと思うので、あえて訳例は示さない。“lather” という単語だけで言えば、「石鹸」や「泡」としか訳しようがない。

4 網を引く

もう数年前になるが、ある学生が教室で「すみません、辞書が壊れちゃって」と言った。これが韋編三絶というのならたいしたものだが、もちろん電子辞書の話である。時代とともに言い訳も変化する。ああいう表紙のないものは、教卓から見ても何を引いているのかわからない。

などと文句を言いながら、私自身も紙媒体の辞書をほとんど引かなくなった。*OED* や *Webster* 3 版はハードディスクに仕込んである。どうしても紙のページを繰る大物は『日本国語大辞典』くらいか。ふだんの仕事では、たいていの用件はインターネットの無料辞書で足りている（研究社の営業の皆様、ごめんなさい）。だが、これだけネットへの依存度が高くなると、機器が故障すればパニック状態に近くなる。ネットの不通は、すなわち「辞書が壊れちゃう」大災害なのである。

ネットで引く辞書の大きな特長は（有料辞書の宣伝文句にもあるように）、不断にアップデートがなされることだろう。もちろん本棚のスペースが節約できるという利点もある。だが、さらに大事なのは、机の上のスペースだ。日常の使い勝手としては、ここが最大のポイントではないかと思っている。

どんな辞書でも、その1冊だけで間に合うということはあるまい。ある単語を何冊もの辞書で引いて、ようやく意味が呑み込めるという経験は、ごく普通のことだろう。1冊だけでは危険だと言ってもよい。だから何冊も机の上に出しておく必要がある。いや、あった。もはや、ない。あるとすれば、パソコンのメモリーとモニターの大きさ。物理的な机は小さくてよい。散らかっていてもよい。

私の場合、仕事用マシンのブラウザーで、「ブックマーク」の最上段にあるのがOneLook.comである。複数の辞書を次々に引くのに便利。次いでAnswers.com. また使い勝手としてTheFreeDictionary.comも気に入っている。こういうものを利用しない日はない。運営する方々に感謝する。ネット上にどれだけの辞書サイトがあるか知らないが、便利なものを見つけたときの情報交換は、ご同業の仁義であると心得たい。ただし、まともな辞書サイトにも、おかしな広告が出てくることはあるから、うっかりクリックしても自己責任ということで……。

インターネットは「新しい」だけが売り物ではない。古いものを掘り起こして、いつでも使える状態にしてくれることもある。OneLookは、ある検索語に対して、いくつもの辞書へ飛べる仕組みになっているが、その中にWebsterの名を冠したものが3つ。まず*Merriam-Webster's Online*というのがあって、事実上*Merriam-Webster's Collegiate Dictionary*の無料版である。もちろん同社のwww.m-w.comへ直行してもよいのだけれど、OneLookを経由するのは、ほかの行き先もたくさん紹介してくれるからだ。現代の辞書ばかりか、1913年と1828年のウェブスターへも、すみやかに案内される。

しばらくポーの短篇を訳していたのだが、この1828という数字は魅力的だ。メリアムの公式ページでNoah Websterのmagnum opusと言っている*An American Dictionary of the English Language*を、いつでも机上のモニターに呼び出せる。ポーが書いていた時代には、これが現代英語の辞書だった。

いくつか例を挙げよう。「モルグ街の殺人」で、実行犯の飼い主（へんな言い方だが仕方ない）が、探偵デュパンの予想どおりに姿を現す。船乗りである男は、逃げた犯人（というか犯猿）が、ここにいるのかと尋ねる（"Have you got him here?"）。どうということもないセリフだが、Noah Websterは"This is a most common, but gross abuse of this word"と意識していた（"get"の項）。この怒りのこもる注釈は1913年版では消えている。

ここだけで決めつけるわけにもいかないが、船乗りをどういう口調でしゃべらせるかという点では、なかなかありがたいヒントになる。またポーの文章には"mere"という形容詞が多い。これを現代の語感だけで訳そうとするのは危ない、と気づいたのもOneLookのおかげだ。上述のように、ほぼ90年間隔で3種類のWebsterがそろっている。くらべて読めば、意味の変遷がよくわかる。「～にすぎない」と見下すのではなく、「～にほかならない」と強く押し出すように考えてもよいらしい。この選択肢は翻訳者にとって貴重である。さらにOneLookが誘ってくれる1911年の*Encyclopedia Britannica*では、ずばり"mere"の語義変化が説明されている。もし20世紀の小説を訳すなら、今度は逆に、強い意味では危ないと判断してよいだろう。

とにかく私が言いたいのは、もしインターネットがなかったら、古い辞書を引こうと思いつくこともなかったろう、ということだ。なんとなく辞書は新しいほどよいという固定観念があった。ところが、持っているとは知らなかった古本が、いつの間にか机の上に出ていたので、ためしに使ったら、びっくりするほど役に立った、という嘘のような話である。

もし新しい小説を訳すなら、OneLook が見つけてくれる中では、まず *Encarta* へ行ってみる。たいていはリストの上位に来るから、とりあえず選ぶことが多い。現代向きで、日本語だったら『新明解』に近い個性かと思うが、いかがだろう。これを補足するために Dictionary.com へ飛ぶ。ここは、ある時期に模様替えしてから、*Random House* や *American Heritage* が一度に引けるようになった。あるいは YourDictionary.com へ行って、*Webster's New World* を見るのもよい。

といったところが、いつもの手順なのだが、飛んでいける先は大手のブランドばかりではない。小規模な術語集のようなものもある。ジョン・アーヴィングの『また会う日まで』（John Irving, *Until I Find You*）では、ある男に spot してくれと頼まれる場面がある（to spot for him when he's bench-pressing three hundred pounds）。この spot をずばり教えてくれる辞書は少ない。だが OneLook から行ける “Bodybuilding Jargon” には、“To ‘stand guard’ while someone performs a set with heavy weights.　A ‘spotters’ main duty is to prevent unjury in case that someone cannot finish is reps” と書

いてある。綴りの間違いは気になるが、これだけ文脈にぴったりの意味を挙げているのだから、やはり貴重な存在というべきだ。ボディビルディング愛好家のためのサイトらしい。その名も www.getbig.com という。

また、いわゆる検索エンジンも辞書になる。同じ小説で、主人公の母親が乳ガンになって脳に転移し、それが “space-occupying lesion” と呼ばれている。アーヴィングの作品には災害や病気が付きものだから、こんな言葉にお目にかかることもある。そこでインターネットを巨大な英和辞典として使わせてもらう。Google に「日本語のページを検索」オプションをつけるだけだ。トップに出てきたのは「日本救急医学会」による用語集だった。こういうものを見なければ、「占拠性病変」という訳語を思いつくものではない。

こうなると辞書や用語集の体裁をとっていなくてもかまわない。いや、ネット全体がみんなで作る辞書である（その意味で、Wikipedia は象徴的な存在だと言えようか）。もう一つアーヴィングからの例だが、“Long QT Syndrome” という病名について同じ要領で検索すると、何人ものお医者さんが素人にもわかるように書いてくれていた。どうやら「QT 延長症候群」という表記が多数派のようだ。ついでに “ventricular fibrillation” を「心室細動」ということもわかって、これもありがたく拝借した。手間はかかるが、どうせキーボードをたたくだけのこと。作文の合間の気分転換と言えなくもない。それに文脈抜きで単語と単語を突き合わせる辞書よりも、専門家の解説から用語を拾ってくるほうが、ちゃんと処方してもらって服用したような安心感がある。

先に「インターネットの無料辞書」と書いたが、じつは

「インターネットが無料辞書」なのである。だから何度も網《ネット》を「引く」。雑多な獲物がごっそり引っかかって、地引き網のようだ。

5 翻訳から見える日本語

何が日本語らしいのか？

翻訳の品質は「入口」と「出口」で決まる。まず原文の情報を頭の中に入れてから、さて日本語で書けばどうなるかと考える。通常、誤訳として問題になるのは、情報が入り方を間違えた場合である。

たとえば、公衆トイレの入口に「ただいま清掃中、ご協力ねがいます」という表示があったら、解釈を間違えないかぎり、この入口からは離れていって、ほかのトイレをさがすだろう。ここから入って掃除を手伝ったりしたら、「ご協力」という情報が頭の中に入りそこなって、しかるべきトイレにも入りそこなったのである。だが、相手が外国語の場合には、そういう珍解釈が現実のものになる恐怖が常にある。

すでに引用した例だが、インターネットで調べものをしていると、よく次のような警告文が出て門前払いを食わされる。

There is a problem with the page you are trying to reach and it cannot be displayed.
検索中のページには問題があるため表示できません。

こういうものは英語のほうが原文であるに違いない。その日本語訳は構文の処理として非常にうまいと思う。ならべて見るとほとんど等価のようだ。

しかし、それぞれを別個に見た瞬間の私の第一印象は違っていた。英語からは、このページには技術的な支障があって表示できない、というメッセージを受けたのだが、日本語からは、このページは内容に問題があるので公開できない、というニュアンスを感じたのである。もし私が訳せと言われたら、「現在、このページは表示できません」という程度にごまかすと思う。それで用は足りる。おかしな誤解も生じない。

少々長い前置きになったが、本来は「入口」を無視して「出口」の議論はあり得ない、と言いたかったのである。そういう断り書きをつけなければ、翻訳者が日本語を語るわけにはいかない。

もちろん、いまだ文字ではないもの（ピンときた、イメージが浮かんだ、というようなもの）を文字の形にしてひねり出すという意味では、ほかの作文とまったく変わることがないのだが、出口の方向をねらって情報を流していくための技術は、たしかに存在すると思う。英語が行きたがっている方向は変えずに、なお日本語らしく見せかける商売だ。というわけで、何が日本語らしいのかと考えておくのも、営業前の仕込みになる。

「翻訳調」を生かせるのは、日本語の作家

　では、なぜ日本語らしくするのか、翻訳調ではいけないのか、という疑問が出るかもしれない。たしかに絶対にいけないとは言いがたい。いかにも翻訳らしい文章を好んでいて、そうでなければ翻訳小説を読んだ気がしないという読者だっているだろう。それが新しい日本語の可能性につながると考える、革新派の意見もあるだろう。

　だが現場の技術屋として言うならば、もし初めから翻訳調を選んだら、ほんとうに必要なときにそっちへ切り替えることができなくなる。カードを１枚損する。また何よりも、依頼された大事な原作を誠実に読めば、おのずと調子は決まってくるというもので、訳者の既定方針で何々調を意図することはないはずだ。

　直訳、意訳、「超訳」という区別もあってはならない。職人が勝手に設計図とは違う家を建てたらどうします？　特殊なジュンブンガクは別として、たいていの原作は、英語らしい英語で書かれている。普通のものを特殊なものとして処理したら、それだけで原作を裏切る。自作を日本語の実験場にされたら、原作者には迷惑なだけなのだ。普通の日本語を書くことが基本である。

　そこで次のような例を見ると、作家はともかく翻訳者にはつらいな、と思ってしまう。

人間のむくろに焔の舌が作用するときの有様が白昼夢

のように目にちらついた。（井伏鱒二『黒い雨』）

ともかく炎の舌が、私の額を嘗《な》めようとする瞬間、夢は突然跡《と》切《ぎ》れます。（連城三紀彦『戻り川心中』）

作家が「炎（焔）の舌」と書いたのは、“tongues of fire”を意識してのことだろうか。

英語ではときどき見かける言い方で、だいぶニュアンスは違うが聖書の「使徒行伝」に出るくらいだから、日本語が先ということはないだろう。それとも偶然の一致か。似たような例を、もう一つ。

……急に、白い雨の幕が、音もなく、海の方から、さあっと、大川を濡らして来た。（柴田錬三郎『江戸っ子侍』）

ずいぶん、テンを、打つなあ、とも思うけれど、それよりも翻訳業者としては「雨の幕」が気になる。雨にまつわる表現として、“a sheet of rain” はめずらしくない。もし私の商売物の原文に、こういう火や雨が出てきたら、そのまま「炎の舌」「雨の幕」と書くかどうか、おおいに迷うところだ。昔からある英語、たいして特殊ではない英語が、やや文学的な新味のある日本語に化けてしまう（同業者には、やっつけ仕事がばれてしまう）。

もともと英語にあった表現を日本語に持ち込んで利用できるのは、日本の作家なればこそだ。翻訳らしい言葉遣いを生かせるのは、翻訳家ではない人たちなのである。

憧れの宮部みゆき

　そのように成功している第一人者だと私がひそかに思うのは、宮部みゆきである。もし翻訳小説の文体を最高度まで磨くということがあるならば、その一つの姿が宮部調かもしれない。もちろん一介の翻訳屋にはうっかり真似できるものではなく、あんなふうに書けたらいいな、と憧れるだけである。たとえば、翻訳者には次のようには書けない。

　人間の膝から下が（中略）なにか悪い冗談のきれっぱしのようにぽっかりと浮き（『とり残されて』上点筆者）
　藤太郎も、おのぶが誇りに思う弟だ。（「お墓の下まで」、『堪忍箱』所収）

　もうお察しの方もあろうが、これを翻訳小説で使ったら“a piece of...”や“be proud of...”が透けてしまう。それがいやだから小心な翻訳者は思いきって英語から離れようとする。思いきった訳をするのは小心だからである。度胸がよければ、そんなまだるっこしいことはしない。ただ、すぐに英語の幻影がちらつかないのであれば、宮部調は翻訳者にとって上々の参考例になるだろう。とくに比喩の使い方において──。

　この男の頭の中身は月夜の蟹《かに》の身のように痩《や》せていた。（「敵持ち」）

お里は、包丁で大根を切るときのように、ずばりと言ってのけた。(「十六夜髑髏」)

こうなると、どこがどうというわけではないのだが、何となく英語の小説にありそうな比喩感覚だと思える。蟹や大根といった素材を、“as...as” や “as if...” のようなレシピで仕上げている感じだ。

和洋折衷のコツ

翻訳の仕事としては、その逆方向、つまり洋風の素材を和風の調理になじませることを考えればよいだろう。そういう和洋折衷のコツは何なのか。いまのところ私の感触では、主述関係の包丁さばきが大きなポイントになりそうだ。これは文の長さにも関わる。とにかく英語の構文では主語と述語がしっかり組まれているのだから、そこを壊せば英語の背骨を断ったような快感がある。平たく言えば、主語と述語をそのまま日本語に持ち込まないということ。そのほうが翻訳はうまくいく。

私は日本語には「慣性の法則」があると思っている。「一回言えばわかるの法則」と称してもよい。この力が働いているうちは、主語なるものに出番はない。すばらしき実例をあげよう。

わたくし、生まれも育ちも葛飾柴又です。
帝釈天で産湯をつかい、
姓は車、名は寅次郎、
人呼んでフーテンの寅と発します。

私はこういう日本語にしびれる。英語式の文法感覚ではわけのわからないところが、たまらない魅力である。一度でいいからこんな訳文を書いてみたいと思うが、それはともかく、まず冒頭で「わたくし」と言ったとたんに慣性の力が発生し、この四行全体におよんでいる。産湯も姓名も通称も、すべて「わたくし」に関わることで、それは１回言えばわかるのだ。

この慣性の力を、翻訳者は味方につけなければならない。よく翻訳の初心者向けの注意として、なるべく主語を省略せよという言い方がなされるが、この例の第２行から第４行にかけてのように、主語だの述語だの言っても何が何だかわからないのが、日本語の自然な姿と考えるべきだ。強いて言うなら、ここまでずっと「わたくし」が主語だろう。

英語は主述関係を構文の骨格とするが、日本語は何となく関節がはずれたようになっている。がちがちに組んである英語を、うまいこと揉みほぐしてやりたい。長いセンテンスの関節をはずして、いくつかの文に小分けしても、慣性が働いている間は、ぶつ切りの感じにはならない。

英語は「構成」への意志が固い。日本語は要領よく「提示」する。まず「わたくし」と言って誰の話なのかを提示してから、その話題の主についての情報を適当な順序で提示する。その方法は一様ではない。たまたま読みかけた文庫本にも、次のような変種があった。

> 一部には、仏の、と上につけて言う者もいる伝左衛門である。柔和な、いかにも物判りのいい笑顔で平吉を台所へ急がせた。（半村良『どぶどろ』）

この伝左衛門が主語といえるのかどうか知らないが、二つの文に伝左衛門の息がかかっていることは間違いない。その息の長さは、音楽でいうフレーズの単位になるだろう。文が分かれていてもフレーズは切れていない。一見きわめて曖昧な、出たり出なかったりの「主語」の力が、じつは日本語の推進力になって、テンポやリズムに関わっているのではないか。英語を横目でにらみながら、そんなことを考えている。

――そう言えば、海外小説の売れ行きがアイドル写真集に遠くおよばないのも、構成型より提示型が日本人好みだということか……こじつけ、負け惜しみ。

第Ⅲ章

英語の中の日本

祇園の芸妓を主人公にした『さゆり』（*Memoirs of a Geisha*）は、何かと話題になった作品だけに、いくつかの媒体に雑文を書く機会があった。たしかに私には転機になった仕事であり、そのおかげで訳者としての衿替えをすませたようなものだ。「アメリカ産の花柳小説」は『さゆり』の「訳者あとがき」として書いた。その続きである「アメリカ産の花柳小説Ⅱ」は、ディテールのメモ書きのようなもの。「あとがき」の性質上書ききれなかったテキストへの注釈というべき詳細を記録しておく。

1 アメリカ産の花柳小説

訳者あとがき

あらかじめ誤解のないように言っておけば、こうして「あとがき」を書いている私が本物の訳者である。「訳者覚書」を書いたのはオランダ系の歴史家であって、これは著者ゴールデンが創造した架空の人物。元は芸妓だった「新田さゆり」なる女性が、晩年になってからアメリカで知り合った歴史家を聞き役にして、祇園で生きた前半生を語ったというのが、この小説の趣向なのである。そこで原題は『ゲイシャのメモワール』という。もちろん京都弁で語ったに違いないのだが、それを記録した歴史家が英語に訳したことになっている。したがって「訳者覚書」で始まる小説ができあがった。くどいようだが、実体はもともと英語で書かれた小説《フィクション》であって、これを日本語に訳した私が、いま「あとがき」を書いている。

「フジヤマ、ゲイシャ」というと、日本への薄っぺらな常識をあらわす言葉として使われるのが普通だが、同時に、どうせ外国人には日本のことがわからないという日本側の薄っぺらな常識をもあらわしている。私自身は、日本人であるけれども、富士山に登ったことがないし、芸者遊びにも不案内である。だから、もし仮にフジヤマとゲイシャに詳しい外国人がいたとしたら、その二つを知っている点において私よりも日本に通じていると判断する。

そして現実に、外国人の中には、ゲイシャの世界に詳しい人たちがいるのである。たとえば、先斗町《ぽんとちょう》に見習い芸者として住み込み、花柳界を論じて博士号をとったライザ・ダルビーの著書を読むならば、その徹底した研究ぶりに圧倒されるだろう。そのほかにも、J・D・モーリー（*Pictures from the Water Trade*）、L・ルイス（*Butterflies of the Night*）、C・S・シーグル（*Yoshiwara*）などが水商売の研究書を書いている。また、J・コッブの写真集を見ると、観光みやげの絵はがきとはまるで違う、芸者の日常生活に迫った映像がある。

だが、社会研究としてはともかく、文芸の世界にあっては、低級なポルノまがいの小説にgeishaという単語がちらついていた。もし芸者にこだわらなければ、日本のどこかを舞台にして書かれるアメリカ小説もめずらしくはない。D・リチーの説では、第一次大戦後のパリへ多くのアメリカ人が行って文学生産をあげたけれども、第二次大戦後の日本へ来たアメリカ人（ないし英語を使う人たち）を考えると、生産量だけでいえば後者のほうが上回っているそうだ。とくに最近は、日本関連のアメリカ小説が存在感を増したのではなかろうか。在日経験のある英語作家のみによるアンソロジー（*The Broken Bridge*）が出たし、単行本の長篇としても日本の各地に取材して書かれたものがある。それが今度は京都の祇園ということになり、ついに真正面から芸者を扱った小説が英語で読めるようになった。老舗の出版社から出て大ヒットしたのである。

しかも、ただ京都を舞台にしたというだけではない。ゴールデンの場合には、アメリカの白人男性でありながら、日本女性の目で見ることに徹している。したがって、日本へのおかしな賞讃も揶《や》揄《ゆ》もないという点で、安心して読める小説といえよう。男性・女性、西洋人・東洋人という二つの境目を越えて書かれたということで、その越境ぶりが話題となり、アメリカではベストセラー街道を突っ走った。「ゲイシャブーム」の火付け役になった感さえあるが、それに乗っかって某有名歌手がゲイシャ風を売り物にしたり、箸を髪の毛にさすファッションがはやったりしたとしても、この小説そのものが軽薄なわけではない。訳者としても、まず目標としたのは、これをゲテモノとは思われないように訳すことだった。原作がそうではないからである。だが、ゲイシャという単語を見たとたんに従来型の反応をする人もいるようで、あるアメリカの大手書店のカタログによると、「京都の名高いゲイシャハウスに売られた娘が、誘惑と奉仕と快楽の技法を修得する」のだそうだから、あきらかに宣伝方法をまちがえている。こういう店はあまり信用しないほうがよい。

花柳小説という言葉があるとおり、日本文学の中では芸者の世界に取材した作品が一つのジャンルをなすほどに書かれてきた。広義には、芸妓のほかに、娼妓、酌婦、ホステスなど、さまざまな水商売の形態を含めることもあるらしいが、いずれにしても時代の風俗を描くという側面がある以上、各時代ごとの女性イメージによって変質するジャンルであることは否めない。たとえば、一般の男性にとって芸者なるものがほとんど無縁になった現在では、だらりの帯の舞妓さんを描くよりもだらりの靴下《ルーズソックス》の女子高生を登場させたほうが、なんとなく現代小説らしい感じがするだろう。

戦前の慣行としては、京都の舞妓、東京の半玉といったような職業的美少女は、店出しをして、水揚げされて旦那がついて、一本立ちの芸者になった。京都では芸者といわずに芸《げい》妓《こ》という。いまなら中学生から高校生くらいの年齢で、そういう過程をたどったのである。現代風に言い換えれば、アイドルとしてデビューして、そのうちに水着かヌードの写真集を出して、女優に変身するような段取りだ。

すでに花街の情景などというものは、たいていの日本人から見ればエキゾチックな異世界でさえあるわけで、だからこそ修学旅行の団体が祇園の花見小路を行ったり来たりすることにもなる。かつては中産市民階級（つまり京都の旦那衆）の日常の遊びの場だったはずだが、いまでは観光名所としての価値が高くなった。そして、もしエキゾチシズムの対象であるならば、外国人が祇園を題材に小説を書いたとしても、それだけでは驚くにあたるまい。これまでにも京都を描いた作家たちは、じつは京都に旅した客人であることが多かった。祇園の白川畔に歌碑を残す吉井勇にも、一連の祇園もので流行作家になった長田幹彦にも、東京人のエキゾチシズムがあった。

もし驚く余地があるとしたら、アメリカ産の花柳小説ができたということ自体よりも、芸妓自身に主役と語り手を兼ねさせて、原書で428ページの長丁場を乗り切ってしまうという、日本産の花柳小説にもめずらしい形式をとったことだろう。いわゆる花柳小説は、どちらかというと男性文学であって、案外、芸者そのものを書いてはいない。芸者に入れ揚げて手玉に取られる律儀者や、世を拗《す》ねて紅燈の巷に逃げる道楽者といったような、社会の規範からずり落ちる（または、ずり落ちたがる）男性を描くための舞台装置として、花柳界は都合がよかったのである。だが、アメリカ人である著者は、そのような日本文学の伝統から離れて（というか、おそらく無関係に、そして結果として）日本人が見ても一つの新機軸である花柳小説を書いた。

著者は必ずしも祇園の風俗を写しとることを意図していない。それよりはプロットの構築に重点を置き、一人の女性が生きた姿を描いて、西洋文学でいう「ビルドゥングスロマーン（Bildungsroman）」（主人公の成長をテーマにした、いわゆる教養小説）に近いものとして発想している。素材は「日本」で骨格は「西洋」であるという、いわば洋魂和才の成果である。

また、当然ながら、そもそも英語の読者に向けて書かれたものであるから、ある程度は日本の芸者についての説明を含んでいる。新田さゆりと名付けられた主人公が40年におよぶ後半生をアメリカで過ごし、そこで前半生を語るという設定は、いくらか説明調の箇所があっても不自然ではないという利点につながる。「さゆり」という、いささか芸者らしくないと思える名前についても、これがアメリカ人にとって発音しやすいことを著者は意識している。憎まれ役の先輩芸者には、「ハツモモ」という発音しにくい名前がつけられた。

日本海に面した漁師町で育った語り手は、京都で芸妓になる道を歩んでいき、さまざまな曲折を経たのちに、ひそかに恋心を燃やしていた「会長さん」と結ばれる。最後はアメリカへ渡ることになるが、ほとんどのページ数は祇園の富永町にある置屋で暮らした時期にあてられる。

この富永町は四条通から一筋あがった小路である。現在では雑居ビルらしきコンクリート建てがならんでいるが、その昔は茶屋、置屋が軒を連ねていたことだろう。明治 45 年、まだ新進作家だった谷崎潤一郎は、初めて京都へ着いた２日目の晩に、富永町の「長谷仲《はせなか》」という店へ案内されている。そのへんの経緯を書き留めた『朱雀日記』によると、富永町は「黒ずんだ蝦《えび》色の」格子が道の両側に続き、「長方形の行燈が軒並に掲げられて、ぼんやりと門口を照らして居る。[中略] 飲めや唄へのさんざめきも響かず、家の中までひツそり閑と静まり返つて、如何にもしんみりした、奥床しい色里の景色である」。

この界隈は祇園の中でも早くから開けた由緒ある地域だった。明治以降では大正期が祇園の黄金時代であり、あまたの名妓を輩出したとされている。谷崎、長田、吉井らは、ちょうどいい時期に巡り合った世代だといえるだろう。その頃は「富永町に末吉町、新橋の通りが東西に、ずっと三條《すじ》になって通っている」あたりが、「美しく着飾った舞妓や芸者の右往左往する中心の地区」になっていたと近松秋江が書いている。

だが、戦後になって、かつての情緒を失った富永町は、まったく別のものとなる。水上勉の『京の川』を見ると、「さいきん、富永町や縄手通りのバアが木屋町の一流バアをしのいで繁盛してきた。［中略］勤めて、はずかしいような低級な店ではないのだが……」と書かれている。東京オリンピックの年、つまり昭和39年という時代設定の小説で、「容姿端麗、大学出のホステス」に、自分持ちの和服を着る条件でもって、手取り8万の月給を出すバー、というのが富永町のイメージなのである。そして昭和30年代といえば、芸妓の数が激減したとされる時期でもある。

この対照的な二つの時期の真ん中に、われらが主人公はいる。昭和4年に9歳で郷里から離された坂本千代、のちの新田さゆりは、ある事情から店出しが遅れ、ようやく舞妓として出たのが昭和9年。それが昭和13年に衿替えをして芸妓になり、戦争中の祇園閉鎖、戦後の復活を経て、昭和31年に渡米してから、以後40年の後半生をアメリカで過ごしたことになっている。オリジナルの英語版を読んで、ノンフィクションだと誤解した人もいるようだが、まったくの創作である。モデルは存在しない。

こうして日本語版の準備を整えたいまでも、いくらかの不安が訳者にはある。つまり、現実の祇園と作品世界が同じなのか違うのかという、その一点だけで批評する人がいることを恐れている。前述のように、必ずしも祇園のスケッチとして書かれたのではない。ところによっては事実関係よりも、ドラマづくり、イメージづくりを優先してあるように訳者には思われる。アメリカ人が書いたからというのではなくて、もともと小説とはそういうものだと考えたほうがいい。読者を納得させるだけの世界ができていて、ある大きな真実をつかまえていれば、少々のウソがあってもかまわない。

小説のウソとして、一つだけ、種明かしをしてしまおう。

千代が会長さんと初めて出会う場所は、白川の畔《ほとり》ということになっているけれども、あの枝垂れ桜のある道は、じつは戦後の風景である。戦前ならば「両岸には高い家々が押重なるように不規則に建て込んで」（長田幹彦『祇園夜話』）、吉井勇が「枕の下を水のながるる」と歌ったのも決して比喩だけではなかった。つまり、川沿いに歩くことはできなかった。その片側が戦時中の道路拡張で軒並み取り払われた結果、いまの遊歩道ができている。だが、出会いの場としては、千代が川端で泣いていたら会長さんが来かかった、というほうが効果的であるだろう。この場面の印象が弱くなっては、あとのドラマが進まなくなる。［※この点については次節でも述べる。］

早崎春勇さんという方が『祇園よいばなし』（京都書院刊）と題して、これぞ本物の「ゲイシャのメモワール」を京都弁で残されているが、その中で「まあ、まがりなりにも、ようここまでこれたものやなあ、と思います。祇園町いうとこは、悲しいとこで、温かいとこどす」と述懐されている。たぶん似たような感覚が、晩年の新田さゆりにもあったはず――と読者がお考えくだされば、この小説は祇園の真実をつかまえたことになろう。

念のため用語の問題でお断りをしておく。原著では全体にokiyaという語が使われているが、東京でいう「置屋」は、京都で「屋形《やかた》」と称される。以前には「子方屋《こかた》」ともいったそうだ。私の訳では、セリフに出るokiyaは「屋形」、そのほかでは「置屋」というように折衷して記した。同様の理由から、原著のgeishaについて、セリフの中では「芸妓」に統一してある。また、人名の表記については、著者の了承のもとに、私が思いつくままの漢字をあてた（もし実在のお名前と合致していたら、まったくの偶然であることをご理解ください）。

正直なところ、翻訳を進めるに際して、今回ほど多くの方々のお世話になったことはない。おもしろい本だとは思いながら、祇園にも京ことばにも縁遠い私に訳者がつとまるものかどうか最後までためらいがあったのだが、原著者がＥメールの交換に応ずる意向であると聞いて、それなら冒険してみようかと心が動いた。著者のご協力がなければ、とうてい解決できない難点がいくつもあったはずである。まず第一に著者ゴールデンさんに感謝しなければならない。

また、祇園末吉町のお茶屋「丸八」にお邪魔して、吉岡義子さん、まめ勇さんにお話を伺ったのも大いに参考になった。ここの二階では、梶原緋佐子による舞妓の屏風絵が（もちろん本物が）ひょいと隅に立ててあるのに目を見張って、じつは衿替え直前の義子さんがモデルだったと聞いてまたびっくりして、その座敷で着物や帯の写真を撮らせていただいた。これが単行本のカバー・デザイン（102ページ参照）に使われている。ちなみに吉岡さんのお名前が吉井勇のエッセーの中に登場することを、あとになって発見した。

名倉礼子さんのご紹介によって平野徳太郎さんを訪ね、その平野さんのご紹介で、貝田孝江さんから貴重なご意見をいただくこともできた。お三方のご厚意に、あらためてお礼申し上げる。

そして、また一人、京都には強い味方が出現した。奥田かんなさん。英語と京都語に通じ、翻訳業の実際を心得ておられるばかりか、舞踊や着物についての知識もお持ちなのだから、無粋な訳者としては願ってもない援軍に恵まれた思いだった。奥田さんを通じて「みの家」の吉村薫さんのご協力まで得られたのは望外の喜びである。奥田さんは私の京ことばのお師匠さんでもある。関東者が見よう見まねで書いた京都弁を、まろやかに磨いてくださったと思う。もっとも、完全に素直な弟子ではなかったから、もし本場の言葉遣いと違っているところがあるとしたら、責任は訳者に……へえ、そやったら訳者が鈍なせいどす、堪忍しとくれやす。

そのほか逐一お名前は挙げないが、上田茂さんほか多くの方々から知識や資料を拝借させていただいた。さらに、題字は京都の寺田文正堂さんにお願いした。芸妓さん舞妓さんが持っている名刺と同じ書き文字である。編集者という域を超えて、日本語訳の仕掛け人、プロデューサー、総監督というべき存在が、文藝春秋の西山嘉樹さんだった。

おかげさまで、じつに楽しい仕事になりました。皆様に感謝いたします。おおきに。

文庫版訳者あとがき

こうして再度のお披露目ができることを、まず喜びたい。今度の『さゆり』は衣装を替えて、原書の表紙デザインに近づいている。

そして、これを機に、ふたたび訳者の口上として、初版の「あとがき」にも書いたことを、あらためて申し上げる。この小説が事実に基づくのかどうか、それだけの興味を向けられることのないように――。さまざまな資料をヒントにして想像をふくらますのは、どの作家でも当然のこと。あまり野暮は言わずに、うまいこと嘘で固めた工芸品としての出来を楽しんでいただきたいと思う。もともとモデルは存在しないという訳者の考えは、いまでも変わらない。もちろん、細かいことを言いだせば、事実ではないことがいくらでも見つかる。そういう間違いさがしの探偵趣味を一概に否定するものではないが、小説の読み方として粋だとは思えない。作中で豆葉が言うように「嘘も誠もありまっしゃろ」の世界である。小説は、ついでに言えば翻訳も、そのように生産されている。

ただ、訳者が適当に書いた固有名詞が実在のお名前と合致していたら、単なる偶然としてご容赦くださるように、もう一度お願いしたい。じつは気になるのが横綱の「宮城山」で、本物は昭和6年に引退したのだから、舞妓になったさゆりが見た土俵姿は宮城山福松だったはずがないけれども、たしかに時代が近いので紛らわしい。相撲を冗談にしたくないという延さんには叱られるだろうか。それでもミヤギヤマという音に対して不自然な当て字をするよりは、こういう素直な漢字で表記するのがよいと判断した。なお、肝心のサユリについては、それぞれ意味のある漢字が3つならぶのだと原書には記されているが、煩雑になるのを避けて日本語では概ね「さゆり」と書いている。[※このことについても次節で詳しく述べる。]

言うまでもないが、翻訳小説は日本市場に向けた商品である。京都の書店にも置いてもらえるように、いわば日本仕様のヴァージョンとして訳した。それでも異質なものの出会いによる妖しげな魅力が、この小説のどこかに残っているし、またそうであるべきだとも思う。たとえば第18章で、病院から祇園方面へ人力車で帰る場面。さゆりの目の色が着物に合っていると豆葉は言う。こういう発想は通常の日本語ではあり得ないが、英語の小説ならめずらしくない。それを豆葉に京ことばで言わせるところに、ある種の倒錯した（と言えそうな）おもしろさを訳者は感じていた。

だから映画で主役を演じるのが日本人でないからといって、文句を言う気にはならない。中国の女優であるチャン・ツィイーが、舞妓の衣装をつけて、英語のセリフを言う。その妖しさを早く見たいものだと思っている。もし映画の印象が、この日本語版とかけ離れていたとしても、たぶん私は驚かない。別ヴァージョンとして並立すればよい。そうやって一つの原作を何度も楽しませてもらうとしよう。

翻訳に際してご協力くださった方々に、もう一度深くお礼を申し上げます。文庫としての「店出し」には、北村恭子さん（文藝春秋翻訳出版部）のお世話になりました。

『さゆり』（文春文庫）の上下巻を合わせると、このように１枚の画像になる

2 アメリカ産の花柳小説II
——翻訳者の立場から

この長篇小説は1997年秋に刊行され、まったくの新人だったアーサー・ゴールデンを、一躍、講演やインタビューに追いまくられるベストセラー作家の位置に押し上げた。おそらく理由は二つある。

まずはアメリカの白人男性でありながら、日本女性の一人称語りを採用して、原著で428ページの長丁場を乗り切ったこと。すなわち、西洋人／東洋人、男性／女性という二重の境目を越えた視点で、あざやかに語り切ったところが注目された。最近の流行語でいえば「越境」した小説になっている。しかも、主人公は作者の実年齢よりも40歳近くは上である。年代の差も考えれば三重の越境ぶりで実現した語り口が、小説としての魅力に大きく寄与している。

二つ目は、これまで一般には知られていなかった（ないし、ゆがんだ形で知られていた）日本のゲイシャなるものについて、その生活を詳細に描いてみせたことである。多くの読者にとっては、この点こそが興味ある読みどころであったろう。これによってアメリカ人の芸者観が変わったはずだ、と著者は自信をもって述べた[(1)]。

そのような小説を日本語訳するとしたら、オリジナルと似たような読後感をあたえるように、つまり上の2点がもたらす印象を保存するように訳すことが望ましいであろう。芸者の生活について無知であるというところは、じつは日本の読者もアメリカの読者と大差はないはずだ。しかし、ある種の危険がある。テキストをそのまま日本語にしたのでは、読後感が違ってしまうかもしれない。上記の第１点については、まったく文章上の問題であって、どうにか女性の語り口にすればよいという、いわば訳者が一人で苦労すればよい部分である。警戒を要するのは、むしろ第２点目ということだ。

当然ながら、英語圏の読者を想定して書かれたものであるから、原作は英語で読んだときに違和感がないように書かれている。あるいは、たとえ違和感があったとしても、そこに日本風味を感じるような仕掛けとして、利用価値のある違和感になっているはずだ。

もちろん、日本人にとっても、すでに花柳界は日常とは無縁の異世界であって、作中に出てくる芸者の暮らしぶりは、ほとんど不案内なことばかりである。それでも、やはり英語の読者にくらべれば、たとえ耳学問であっても、ある程度は芸者についての情報を常識の中に持っている。さらには、日本の花柳小説を読んだという文学上の先行経験があるかもしれない。いくらかは京都についても知っている。そのような読者に、なるべく違和感を抱かせないようにしなければならない。原文が「読んでおかしくない」ものであるならば、訳文もそのようであるべきだ。「おかしくないもの」（少なくとも、おかしさに気づかせないもの、おかしさを味わえるもの）を、「おかしいだけのもの」にしてしまったら、その時点で誤訳ないし悪訳になるだろう。そのために、細部においては、あえて原文を裏切ることになる。いわば「おかしさ」のレベルを調整するのである。要するに、通常の翻訳よりは考証を厳しくして、あきらかにおかしいところについては、たとえ叙述の具体性を弱めてしまうような不利があっても、あえて修正する、切り捨てる、という処置をする。そのほうが全体としては原作に対して誠実であるはずだ。もちろん、訳者の裁量範囲には、おのずと限界があって、原作を大きく改変することまではできない。たとえば、いくら「さゆり」という名前がおかしいからといって、主人公の名前まで変えたら越権行為だろう。いうなれば、車の輸入をする際に、右ハンドルに変えたとしても、車種そのものは変わらないという程度の日本仕様にするのである。

以下、物語の進行から３つの区分をして、それぞれについて要注意個所の検討をする。すなわち、①鎧戸という架空の漁師町から京都へ連れていかれ、舞妓になるべく仕込まれる時期（11 歳まで）、②舞妓から芸妓になっていく時期（18 歳まで）、③戦中戦後の時期（20 前後～ 30 代）、の３つである。祇園を離れて渡米してしまえば、まず問題は生じない。

このような時代設定ができあがったのは、じつに幸運だったと言わざるを得ない。もともと作者の意図は、主人公が後半生をアメリカで暮らすように仕向けることだった。それによって、元芸妓が日本での義理にとらわれず自由に過去を語れるようになり、またアメリカ人に対して語るなら、花柳界を説明するという行為も不自然ではなくなる。そこへ、芸妓としての最盛期が戦争と重なるような年齢にするという都合が加わって、逆算して生まれ年を決めたはずである。それが祇園の歴史とうまく嚙み合うことになった。ほとんどのページ数を占める②から③の時期にかけて、主人公は祇園の富永町に住んだわけだが、おそらく作者の計算以上に、この設定はうまくいっている。別の言い方をすれば、日本語版においてこそ、この設定が生きてくる。

坂本千代（のちに新田さゆり）は昭和4年から昭和31年まで京都で暮らしている。明治以降では大正時代が祇園の最盛期であって、その賑わいの中心というべき位置を、往時の富永町は占めていた。それが下降線に向かって、戦後に様相を変えるまでの中間の時期に、彼女は富永町の置屋にいたのである。何かが失われつつ時間が推移するという感覚は、長篇小説にとっては大きな利点になるだろう。その何かがすっかり失われる直前に、彼女は日本を去ったのである[2]。

① 鎧戸から京都へ

鎧戸は京都から北北東にあたる日本海の漁師町としか特定されないので、さほどに考証を要さない場所であるとも言える。鎧戸その他の固有名詞は、人名も含めて、訳者が適当と思う漢字をあてることになった。千代が住む家の床が “the pitted floor”（p.11［以下、Knopf版のページ数を記す］）とされるのはイメージをとりづらいが、これは濡れ縁などにありがちな風雪にさらされた木材の感じを出そうとしたものであると著者は言う[3]。

この時期で問題になるのは、売られる直前の千代および姉の佐津が、ある老女に身体検査をされる場面である。姉妹が

着ていたのは “the peasant shirt” と “pants”（p.25）であるというのだが、昭和初期の服装としてはどうだろうか。著者は “monpei” を考えていたという(4)。事実がどうあれ、モンペという言葉を使ったのでは、その語感に戦争中の雰囲気が出てしまうので、なるべくなら使いたくないが、ほかに適当な訳語もない(5)。

別宮という男衆に連れられて京都へ向かう汽車の中で、別宮は “a wrapped-up lotus leaf”（p.34）を取り出し、ここから握り飯が出てくる。これは日本的には奇異なことであろう。少なくとも、このような箇所でわざわざ読者の疑問を引き起こすのは得策ではない。著者は中国の習慣との類推で書いただけのようである(6)。これは「竹の皮」に変える。

京都駅からは、おそらく河原町通へ出て北へ行き、四条通へ右折して祇園に着いたと推測される。この経路に問題はなかろうが、橋を渡ったところの大きな劇場（すなわち南座）を通りすぎる際に、その “tiled roof”（p.36）がお城のようだとして千代は驚いている。このとき昭和 4 年の夏と考えないと物語の辻褄が合わないのだが、南座はほぼ年号が変わるごとに改築されており、昭和 4 年には、大正の南座から昭和の南座への大改築が、1 月から 11 月にかけて行なわれていた(7)。つまり、南座は工事中の姿を呈していたことになるわけで、はたして人力車で素通りした千代を驚かすだけの威容があったのかどうかは疑わしい。だが、そこまで一般の読者が気づくことはなかろうから、とくに変更の必要なしとして著者と合意した(8)。

河原町通とおぼしき道で、これまで自動車を見たことがなかった千代が、激しい交通に驚いたという記述がある

(p.35)。しかし、鎧戸へ来た皇族が自動車から降りるのを見た記憶もある（p.112)。単純ミスというべきであろう。日本語では後者を「お乗物」とする。

富永町に着いてからは、祇園の用語について問題が生じる。原著では全体に “okiya” という語が使われているが、東京でいう「置屋」を京都では「屋形」と称するので、セリフの中では「屋形」に統一する（9）。同様に “geisha” は「芸妓」とする。英語の “maid” は日本語ではいくつかの可能性がある。置屋、茶屋の下働きならば「女中」や「女子衆」でよかろうが、茶屋で座敷に出るなら「仲居」だろうし、舞妓の予備軍として働いている少女は「仕込みさん」である。戦前には「少女《しょじょ》さん」と呼ばれた。仲居の予備軍ならば、いまでは死語に近いだろうが、「おちょぼ」という言葉があった。

人間関係の中では、“mistress” が「おかあさん」であるのは当然として、すでに引退したおばあさん（granny)、すなわち先代のおかあさんは、少なくともセリフでは「大きいおかあさん」が適当だろう。置屋で世話係のような立場にある “auntie” は「小母」という表記でよかろうが、発音は「あば」である。「あばさん」とは言われない（10）。芸妓同士の呼び方は、原文ではほとんど英語の習慣そのままに、ファーストネームを使っているようだ。たとえば初桃という芸妓であれば、英語では Hatsumomo（ときに Hatsumomo-san）と表記されるだけであって、あまり上下関係は反映されていない。日本語では「姐さん」「初桃さん」「初桃さん姐さん」のように使い分ける必要がある。目上の芸妓を呼ぶときには「～さん姐さん」として「さん」を重ねるのが京都では普通である。目下が相手でも呼び捨てにはしない（11）。

室内の間取りについては、“entrance”は玄関そのものであるよりも、玄関の間というべき板張りの空間であるようだ。さらに中の間、奥座敷とつづいて、奥座敷は客間を兼ねている。英語では「土間の通路（a dirt corridor）」として表現される部分は、京の町屋に特有の「通り庭」である。また“maids' quarters”を「お台所」として、“kitchen”は「流し」あるいは「流し元」とするのがよかろう。

「格子戸」「襖」「障子」のいずれにも“door”が用いられている。ただ、対応する動詞として、表戸が開くときはroll open，室内の建具はslide openと書かれることが多いので、ある程度の区別はなされている。なお、creak openのような場合は、英語の読者はドアが「ぎいっと開いた」と思うだろうが、日本語では引き戸という常識があるから「ぎしぎしっと開いた」ことになる。

一つの英語を複数の日本語に訳し分ける必要は、色彩についても生じる。顕著な例は“orange”であろう。着物の色（p.193）、髪飾りの色（p.203）にも用いられるが、壁の色について“a soft orange hue”（p.81）というのもある。日本の常識として、オレンジ色の着物や壁といったら、きわめて不自然な表現である。だが英語の読者は何事もなく読み進むであろう。日本人にとっては茶色のヴァリエーションであるような色でも、英語ではオレンジ色に含まれる。錆色、柿色、朱色などと適当に判断して訳語を変えるしかない。この話題については鈴木孝夫『日本語と外国語』（岩波新書）に詳しいが、同書の口絵に色見本として載っている「オレンジ色」は、たとえば『京都祇園』（光村推古書院、1996）のような写真集にある一力亭の壁の色と、印刷上では見分けがつきにくいほど似ている。つまり「紅殻色」でよい。

置屋の女将が怒ったときに、下働きの者たちに対し、「６週間は魚の干物を食べさせてやらない」という罰をあたえる箇所がある(p.92)。個人的な語感にすぎないかもしれないが、“week”と「週」を直結するのは危険である。カッとした瞬間の日本人が「６週間」という事務的なまでに正確な表現をするとは思えない。英語ではまったく普通の表現が、日本語ではおかしな言い方になる。これは著者の了解のもとに(12)、「向こう一カ月」に変えた。

「仕込みさん」になった千代は、「歌舞練場」に併設された芸能学校へ通うことになる。いわゆる「女紅場」である（祇園の高齢者の発音だと「にょうこば」に聞こえる）。仕込みのうちから女紅場へ行ってもおかしくはないが、本来ならば、初めての稽古は「新門前のお師匠さん」すなわち京舞井上流の家元たる井上八千代に入門することから始めるのが自然ではあろう(13)。この女紅場の入口で下駄を置くのに序列があるから気をつけろと千代は言われる。実際には下足番のお婆さんがいたはずである。また、あとで舞妓になった千代は店出しのあとで１カ月の見習い期間を経るという設定になるが、実際には店出しに先立つ１カ月が、いわゆる「半だら」の帯をつけた見習いの期間である。このへんはドラマづくりが優先されていると見てよい。見習い期間については、著者自身、“for reasons having to do with the drama”によって変えたのだと言う(14)。つまり著者は、自分の考えるドラマの進行に関わらない細部は省略し、関わりのある細部を変更して使うことがある。作家としては当然の行為かもしれないが、この作品をノンフィクションだと信じ込んだ人たちも少なくないので、再確認する必要はある。あくまでフィクションであって、祇園のドキュメントではない。したがって、女紅場の２階に検番があるという架空の設定にもしてある。実際には、１階と同様、教室があるだけのようだ。

ドラマとならんでイメージ上の効果もつくられる。舞妓になると髪を “momoware” に結うとされ、これに著者は “split peach” という英訳を付してもいる。しかし、「桃割れ」は東京語というべきで、京都ならば「割れしのぶ」が適当である。ところが著者は “translates most graphically into English” になる表現を選んだのだった(15)。祇園の習慣を忠実にたどるよりも、イメージづくりの効果をねらっているのは明らかだ。白川にかかる辰巳橋が “arched”（p.120）と形容されているのも、その例であろう。現実の辰巳橋は平坦なものである。女紅場から一斉に出てきた娘たちが “blue and white robes”（p.109）を着ていたというのも、日本語にすれば白絣のようなものだろうけれども、この学校に制服があるわけではなく、実際にはそれぞれの普段着で通うものである(16)。

効果優先の最も顕著な例は、白川沿いの風景であろう。原著では川端の道に立つと対岸にならぶ茶屋が裏から見えたり、川沿いの道で重要な出会いが設定されたり、この枝垂れ桜の並木道にベンチが置かれていることにさえなっている（p.235）のだが、これは現在の風景に基づいた発想であって、戦前にはあり得なかったことである。川の両側に家屋が建ちならんでいたのだから川沿いには歩けたはずがない。戦時中の道路拡張で片側が取り払われた結果として、現在の道ができている(17)。しかし、この場所は物語内では重要な意味があたえられており、もはや変更はできない。著者自身、変えるつもりはないと断言して、必ずしも祇園のスケッチをしたのではなく、プロットのほうを重視したと述べた[(18)]。この方針は理解できる。ただ、日本語訳では「ベンチ」があるとまでは書けない。

昭和４年の夏に９歳だった千代は、それから半年あまりの春に両親の死の知らせを受け取り、さらに丸１年たった春に“almost twelve by then”という年齢になっている（p.106)。１年半のうちに３歳近く年齢が増えるのだから、かなり苦しい計算である。著者は彼女が秋の生まれと考えればよいのではないかというが[(19)]、それでも11歳半に満たない段階で「ほとんど12歳」という表現をとることになり、注意深い読者は不審に思うかもしれない。だが、ここは日本語においてこそ解決できる。「数えの12歳」でよいのだ[(20)]。

舞妓になる直前、いよいよ髪を結ってもらう場面では、鰻屋の２階に髪結いの店があって（それ自体はおかしくないとしても)、そこの流しで洗髪が行なわれている。この点は著者と訳者の調査結果が違っているようで、訳者の知るかぎりでは不自然な設定だと判断されるのだが、ドラマづくりには効果があるということで許容する。芸者は頻繁に髪を洗わない。もし洗うとしたら自宅か銭湯であるそうだが。

② 舞妓および芸妓の時期

この時期は祇園の習慣にまつわる留意点が頻出する。店出しの当日、これから「さゆり」になる千代が鏡を見ると、映った舞妓姿の髪に“sprigs of unhusked rice”（p.166）が飾ってあるというが、「稲穂」の簪をさすのは新年の装いであって[21]、店出しの日には鼈甲で飾るのが習わしである。姉芸妓となる豆葉とかわす三三九度の盃についても、原文では妹が先に飲んでから姉にまわすとある。順序が逆だろう[22]。あとでお座敷に出たさゆりが“safflowers”（p.225）の簪をしているのも「紅花」とは訳せない。花簪に使われる造花には季節による決まりがあって、どんな花でも飾りになるわけではない。

店出しのお披露目は、本来なら男衆が付き添っていなければならないが、さゆりは姉芸妓と二人だけで、いくつかの茶屋をまわっている。実際にはすべての茶屋に挨拶するのが習いである。

この日から“novice”になって、舞妓としての最初の1カ月をすごしたという。ここは前述のとおり、著者が意図的に変えたところであって、現実の「見習い」は店出しに先立つ1カ月である。おそらく、物語の進行として、しばらくは姉妹そろって行動する必要があるために、あえて変えたものと思われる。訳文では「見習い」という名詞を避ける。

「さゆり」という名前は、翻訳上の最大の難点かもしれない。日本人の芸者常識を逆なでするのではあるが、アメリカ人にとって発音しやすい名前だという著者の考えは、たしかに頷けるものである[23]。憎まれ役の先輩芸妓には「初桃」という発音しにくい名前をつけて、コントラストをきかせたそうだ。たとえ黙読でも心の中では発音されるのだから、おのずと馴染みやすい名前のほうに読者が共感していくことは十分に考えられる。おろそかにはできない問題である。ただし、それ以外には、とくに日本市場では、利点があるとは思えない。原文によると「さ」は“together”の意味、また「ゆ」と「り」は、それぞれ“the zodiac sign for Hen,” “understanding”の意味だとされる（p.167）。後二者を「酉」、「理」と特定することは容易だ。「さ」について、著者は「相」を考えていた。著者が持っている日本語の参考書には、古い読み方で「相」を「さ」と読めるという説明があるらしい[24]。といって「相酉理」を「さゆり」と読ませるのは、ほとんど無理な相談であろう。せめて「佐酉理」にしておいて、漢字が必要である場合（このあと２箇所はどうしても漢字書きをしなければならない）[25]に限定し、通常は「さゆり」ですませる方針で著者と合意した[26]。原書（ハードカバー）の表紙にも、金文字で「さゆり」と押してあるくらいだ。

祇園についてもさりながら、そのほか日本の事実に関する部分で、やや調査の甘くなりがちな箇所がある。たとえば京都で相撲の見物をする場面があるが、そのような催しが京都で行なわれたかどうかは別として（たとえ行なわれなかったとしても、その設定を訳者が変えるわけにはいかない）、“hataki komi”（p.206）であると述べられる決まり手は、勝負の描写を読むかぎり、まるで「はたき込み」になっていない。行司が“Imperial court”の絵から抜け出たような姿（p.201）とされるのも、本来はおかしなものだろう。武家の式服に由来する行司の衣装を、宮中の図柄とは形容しにくい。日本語では「烏帽子に直垂」などとしておけばよかろう。

さゆりがお座敷に出てから、客である男性の中に、東京の“the National Theater”（p.171）を取りしきっている人物がいる。もし「国立劇場」（1966年設立）であるならば、1934年現在のお座敷には使えない。著者はとくにどの劇場と想定してはいなかったようだ。そこで、この箇所では「東京の大きな劇場」とだけ記して、あとでもう一度、戦後の映画館との関連で使われる箇所では、ごまかし気味に「帝劇」にしてしまう。

また、“the Tokyo Philharmonic”（p.180）の指揮者という客がいる。この時点で「東京フィル」は存在しない(27)。“Nippon Telephone & Telegraph”（p.183）の前社長という客もいる。戦前の電話事業は逓信省の管轄であったから、そもそも電話会社の社長というものはあり得なかったはずだ。豆葉の旦那である男爵の兄が、Inukai内閣の蔵相をつとめた在任中に暗殺されたという設定も、そのまま日本語にしたのでは、よけいな違和感をつけるだけである(28)。いずれにしても実在の人物や事項との関連づけが強くなりすぎるのは、この作品にとって危険なことだ。

豆葉と二人連れで四条大橋を渡っていたら、“An old tugboat was puffing its way beneath the bridge.”（p.188）というのは、京都の常識に違反する。鴨川は水運に適さない。この川での舟遊び（p.288）もおかしい。また、豆葉の部屋には、床の間の浅い鉢に“blossoming dogwood branches”が生けてある（p.121）。訳せばハナミズキだろうが、この場面は昭和６年10月でなければならない。アメリカ原産のdogwoodが日本に渡来したのは大正４年のことだから[(29)]、すでに日本に存在しなかったわけではないにしても、花を咲かせるのは初夏の頃である。10月の場面には向かない。「鴨川」、「花水木」ともに、原文の具体性を犠牲にしても、省略ぎみに訳さないといけない例である。

祇園に関わる注意点を、もう少し挙げる。売り上げの多い舞妓が表彰されることになっているのは、まったく不正確ではないのだが、原文だと毎月の売り上げによる賞として設定されている。現実には年頭に一度だけ、前年の売り上げによって最高賞が出されるものである。

舞の習熟度について、“the fifth rank”（p.150），“the eleventh level”（p.243）という数字が書かれている。いずれも日本語の「段」に相当するのだが、「五段」はともかく、「十一段」はあり得ない。井上流の家元から授けられる舞扇には、舞妓なら紅色、芸妓なら紫色の線模様（「近衛引」）が入っていて、これが段位の数と一致している。舞妓は三段から始まって五段、七段、九段と上がる。芸妓は五段から七段、九段と進んで、それ以上には「名取」しかない[(30)]。

井上流で舞うときの顔の表情として、“expressionless”（p.151）にするのだとも、“the facial expression”が大事だ（p.380）とも書かれるのは、いささか矛盾している。前者のほうが現実に合致すると思われるので、訳文ではそのように統一する。また舞の演題として記されたものは、“Chiyo no Tomo”（「千代の友」p.171）以外はすべて著者の創作である。

「都をどり」の幕開きで舞妓の群が舞台に走り出る。手にしているのは“folding fans”（p.267）となっているが、慣例としては柳と桜をあしらった団扇が正しい。だが、この年（昭和10年のはず）の題が“The Gleaming Light of the Morning Sun”（p.265）だったというのは、なかなか凝ったところだといえよう。都をどりの題も時局を反映して、風流なものから勇ましいものに変わりつつあった。「輝く旭光」とでも訳せばよかろう。実際には昭和10年の題は「謡曲今様鏡」だったが、「旭の輝」（昭和3年）、「旭光遍輝」（同13年）のような類例がある[31]。

水揚げ旦那の候補となる客に「えくぼ」と称する菓子折を配る場面があるが、これについては不詳である。著者が描いているとおりの習慣があったのかどうか定かではない。訳者が聞いたところでは、たしかに「えくぼ」という用語はあるものの、たとえば「お花（＝売り上げの単位）」が1000本に達したときの内祝いのような形であって、水揚げの前に配るわけではない。作中の「えくぼ」は“unbleached paper”につつんで“coarse twine”（p.239）をかけてあるが、実際には熨斗をつける程度である。水引をかけることまではしない[32]。ちなみに、16歳まではお花の勘定が半人前であるという記述（p.190）は、東京の半玉との混同であろうか。祇園では出たての舞妓でも大姐さんでも、基本計算は同一のようだ。あとはお茶屋の女将が勘案して、ご祝儀に個人差をつけるかもしれないが。

水揚げのあとで、舞妓が“in a new style”（p.284）に髪を結う。日本語では「割れしのぶ」から「おふく」になるというように具体性を補うこともできる。頭にのせる布が“a red silk band”に代わる（“a patterned one”ではなくなる）とされていて（p.284）、これは「かのこ」と称される布地のことであろうが、本来は店出し直後の舞妓が赤いかのこを着用し、いくらか年齢があがると模様入りに代わるのが正しい。これは訳文で変更できる。だが、さゆりが衿替えをする際には、衿替えから３週間ほどで置屋の女将がさゆりに旦那をとるように勧めている（pp.290-91）。少なくとも戦前の習慣としては、これでは意味をなさない。旦那をとって、それを機に衿替えをしたはずなのである。といって物語がそのように進行する以上、訳者が変えるという問題ではない。衿替えそのものについては、赤い衿を用いていた舞妓が、芸妓になって白い衿に替えることだと正しく説明されている。

18歳で旦那をとることに「まだ若すぎる」という判断が、さゆり自身からも（p.292）、ある古株の女将からも（p.300）なされている。だが、もともと14歳で舞妓の店出しをしたのが、戦前の常識としては遅かったのである。18歳で旦那をとるくらいは当たり前のことだろう。しかし、あまり低年齢にならないように物語を仕組む必要もあったのではないか。現代の英語読者への配慮としては、「政治的に正しい」ぎりぎりの選択だったかもしれない[33]。

③ 戦中戦後の時期

この時期については、祇園のみならず日本全体の歴史状況として自然であるかどうかという問題がある。戦時中の生活を“onion life”（p.347）と呼ぶところは、これに対応する日本語があるとは思われない。同様に、昭和初期の恐慌から戦争までの状況を “kurotani—the valley of darkness”（p.333）というのもおかしい。前者については戦後の「タケノコ生活」からの類推で創作したものだろうか。後者については、まったくの勘違いであったことを著者も認めている(34)。

ある春の夜、さゆりが京都の空を見上げると、大阪の空襲に向かう米軍機が飛んでいくことになっている。これを1944年と明示してしまったのは大きなミスである。大阪が初めて空襲を受けたのは昭和20年1月3日のこと。大空襲は同年3月14日である。昭和19年の春に本土空襲という設定はいかにも無理だから、ここでは原文を大幅に裏切って、時日を明確にしないようにごまかす。日本の読者がうまいこと誤読して、昭和20年春と解釈してくれたら、それでも構わないものとする。

もう一つ、時間関係のミスがある。さゆりが祇園へ戻るのは「終戦から3年たった11月」（p.352）の頃であるが、まもなく豆葉との会話の中で、翌春に「都をどり」が再開するだろうかという話題があり（p.358)、はたしてその通りになっている（p.381)。だが、終戦から3年なら昭和23年であろうに、その翌春（昭和24年春）には、まだ「都をどり」は復活していなかった。南座を借りて復活したのは、昭和25年のことである。

「終戦から3年」は筋が通っている。さゆりが祇園を離れていたのは「5年近く」（p.351）である。旦那だった少将が失脚したのが昭和17年12月（p.334)。そして、いくつかの記述から推測して、祇園が閉鎖になり彼女の疎開先が決まったのが昭和19年1月。もう少将とは「1年以上も」会っていない（p.342）というセリフが、これを裏付ける。つまり、昭和19年1月から「5年近く」たって、昭和23年11月に祇園へ帰った。その翌春に都をどりが復活しないといけないのだから、この小説では昭和24年が空白なのである[35]。

細かいことだが、お座敷での話題として「札幌の漁師」（p.373）と言わせてしまったのはどうだろう。内陸の札幌に漁師がいるのかどうか、断言はできないにしても、なるべく避けたほうが賢明だ。

お茶屋として名前を挙げられる店の中で、実在するのは「一力《いちりき》」だけであるが、そこで“a specialty of the house here”（p.361）という料理が出ているのはおかしい。祇園の茶屋は板場の機能を持たないのが原則である。一力も例外ではなく、お座敷に運ばれた料理は、仕出し屋から届いたものでなければならない。

ある男衆の弟が先斗町にいて、やはり男衆をしているという記述（p.369）も要注意だ。先斗町には男衆がいなかったと考えるべきである[36]。祇園では男衆の役目である着付けを、先斗町では置屋の女将などが適宜行なっているらしい。英語では男衆にあたる単語がなかったと見えて、著者は“a dresser”と表現しているが、もちろん一つの側面だけをとらえた言い方になっている。この作品では、店出し、水揚げや旦那の交渉など、芸者の暮らしでは節目になるときに男衆の出番が少ないようだが、もし“dresser”としか表現されないのなら、そういう人物が何度も出てきては、その存在理由が英語の読者にはわからないだろう。

着物の描写は花柳小説に付き物だが、さすがに日本の作家にくらべると和服特有の用語を駆使できないだけに、具体性は薄くなりがちであり、よく言えば自由な表現になっている。しかし、黄色い絽（silk gauze）の着物の下に緑色の長襦袢（underrobe）という取り合わせ（p.408）になると、いささか自由の度が過ぎようか。緑の長襦袢という品物があるとは思われず、あったとしても絽の着物に合わせたのでは黄色の下に緑が透けて、珍妙な姿になるだろう。

奄美大島へ旅をした場面で、宿屋の和室が一力亭の "the largest room"（p.396）くらいにも広かったという。一力の大広間なら 50 畳ほどもあろう。そこまでの部屋が島の旅館にあったのかどうか。

終盤で「会長さん」と結ばれる直前のさゆりが、18 年前の少女時代に会長からもらった "coin" の話をする（p.412）。彼女には思いがけない大金で、一杯のかき氷を買ったらサイズの違う 3 つの硬貨を釣り銭にもらった（p.113）のであり、その 3 つは "enough to take me away from Gion"（p.114）だったかもしれない。これがある程度の電車賃にでも相当するとして、もらった硬貨は何だったろうか。セリフの中では「コイン」「硬貨」というよりは「50 銭玉」とでも言わせたほうが、はるかに自然に響くだろうが、そう断定する根拠はない(37)。

晩年になって回想している時点のさゆりが、祇園に連れていかれたときに 800 人ほどだった芸妓舞妓が、いまでは 60 人以下しかいないと言っている（p.427）。800 という数字には問題なかろうが、いくら減少したとはいえ近年の数字としては 60 を 100 に変えたほうが実勢に合う。

以上、物語の進行に沿って、いくつかの細部を検討したが、この作品は著者が言うようにプロットを重視したものであって、必ずしも祇園のスケッチを意図したわけではないということが納得される。アメリカ人の著者としては、それが賢明な策でもあったろう。過誤であるかどうかはともかく、実際の風俗習慣とは異なっている叙述が少なくない。

しかしながら、そのプロットをささえているのが、アメリカの読者はもちろん、日本の読者さえ驚くだろう細部だということも確かである。その基盤が脆弱になることは、何としても防がねばならない。日本を舞台にしたアメリカ小説が増えてきたとはいいながら、すべてが佳作といえるものではなく、その中にあって、この作品はまちがいなく最上級の出来である。それを大事にしたいと思えばこそ、あらさがしにも似た裏付け調査をした。祇園という場所の感覚を充分に伝えながら、なお日本の読者に抵抗感を抱かせないようにすることが訳者の任務と考えたが、その結果として、フィクションとしての本質が見えてきたようにも思う。個々のディテールとしては、見てきたような嘘をついている箇所もあるのだが、現実と非現実が入り乱れた中から、まるで細かな事実を積み重ねたかのような総体をつくってしまった作者の芸に、評価の基準を置くべきなのである。できあがった物語、人物像は、たしかな説得力をそなえている。

（日本語版が出る直前に、あらたに作者が書いた “Afterword” が届けられたが、その中での “cultural authenticity” にまつわる見解は、訳者の考えとほぼ同じ方向にある。）

（注）

（1）1999年4月18日、パーク・ハイアット（新宿）にて、訳者との面談による。

（2）日本語版の「あとがき」［※本書101ページ参照］で触れたので、ここでは詳述しないが、明治末から大正頃の富永町の風情は、谷崎潤一郎や近松秋江の文章から窺い知ることができる。昭和39年現在の富永町には、水上勉『京の川』が参考となるイメージを提供してくれる。お茶屋がならんでいたはずの小路に、バーが進出してきたのである。昭和30年代には芸妓の数が激減していた。いまの富永町には、谷崎のいう「奥床しい色里の景色」は見る影もなくなって、わずかに残る茶屋を押しのけるように、雑居ビルが幅をきかせている。

（3）訳者あてEメール（4/28/98）。

（4）Eメール（4/28/98；5/2/98）。

（5）京都府立丹後京都資料館が編集した『農山漁村の女たち』（1986）によると、京都北部での労働着として、ある農村では大正の半ばまでは筒袖仕立ての上下一部式の服装だったが、「カルサン（モンペ、ダッツケとも言う）」が流行しはじめると上下二部式に変わった。別の農村では、それが昭和初期の現象として記録されている。ある漁村では、モンペの普及は第二次大戦まで見られなかった。

（6）Eメール（4/28/98）。

（7）この場面が昭和4年だったことはp.126で確定される。南座の工期は、佐和隆研、奈良本辰也、吉田光邦ほか編『京都大事典』（淡交社、1984）による。

（8）Eメール（8/20/98）。

（9）著者に情報を提供した元芸妓の女性は終始「置屋」という語を使ったそうであるが、訳者の調べたところでは「屋形」のほうが京都での通例であるようだ。日本の作家による祇園関連の作品でも「屋形」の用例が圧倒的に多い。cf.「屋形というのは、東京でいう置屋のことで、子方屋ともいいます」（瀬戸内晴美『祇園の男』、文藝春秋、1978，p.12）

（10）「みの家」の女将、吉村薫さんによる。

（11）「丸八」の女将、吉岡義子さんによる。

（12）Eメール（6/12/98）。

（13）吉岡義子さんによる。

（14）Eメール（8/20/98）。

（15）Eメール（8/20/98）。Lisa Dalbyも*Geisha*の中で「桃割れ」に相当する語を使っているが、名著といってもよい同書にしては不思議なことである。cf.「京都では雛妓を舞妓と呼んで一本の芸者と区別して、横鬢をひっつめた独特の髪形に結い、例のだらりの帯をしめているが、東京ではどこの土地も頭は桃割れである。関西では水揚げ前と後とでは髪形が変わるが、東京にはその習慣もない」（有吉佐和子『芝桜（上）』、1970；新潮文庫、1979，p.62）

(16) 吉岡義子さんによる。

(17) 歩ける道がなかったという事実は、「貝田」の女将、貝田孝江さんから明快に指摘された。長田幹彦『祇園夜話』(1915) にも、「両岸には高い家々が押重なるように不規則に建て込んで」という描写がある（『大衆文学大系 20』講談社、1972，p.70）。吉井勇が「かにかくに祇園はこひし寐るときも枕の下を水のながるる」（『酒ほがい』［1910；短歌新聞社、1998，p.89］）と歌ったのは、決して比喩だけではなく、白川畔の茶屋「大友」における実感だった。夏目漱石らとの交友で知られる磯田多佳が女将をしていた「大友」も取り壊され、その跡地に上記の歌の歌碑がある。佐野美津子『祇園　女の王国』（新潮社、1995、p.18）によると、この強制疎開は昭和 20 年 3 月のことだった。

(18) 訳者との面談による（4/18/99）。

(19) E メール（6/15/98）。7 月か 8 月に連れてこられて、誕生日が 11 月くらいだとすれば、“could be conceivably called ‘almost twelve’” だという。

(20) それにしても、この計算は昭和 4 年夏に 9 歳だった（p.19）という前提から出発しているのであるが、千代が申年の生まれであることは確実（p.126）なので、著者がいうような 11 月ごろに誕生日がくればよいという理屈は成り立たない。申年（大正 9 年＝ 1920）の 11 月生まれなら、昭和 4 年（＝ 1929）の夏には 8 歳である。京都へ来たのが昭和 4 年だったのは、p.126 で明示されていて動かせない。生まれたのが「申年（the year of the monkey)」という表現に、おそらく英語の編集者や読者は不慣れであろうから、この矛盾に気づかなかったのでもあろうか。1938 年夏に 18 歳（p.290）、さらには 1939 年春に 19 歳（p.305）だったとも書かれる。つまり春には誕生日が来ていなければならない。

また、年齢の矛盾は豆葉にもある。1920 年代初頭に 16 歳だったこと（p.149）、初桃より 3 歳下であること（p.122）、初桃は 1935 年に 28 ～ 29 歳であること（p.230）が明らかにされている。「初頭」というのを 1920 ～ 1924 年と考えて、この条件を同時に満たすことはできない。さらに、豆葉の水揚げは 1927 ～ 28 年（p.233）とも、1929 年（p.279）ともされていて曖昧なのだが、いずれにせよ評判の美妓でありながら異常なほど遅かったことになる。

(21) 稲穂の簪には鳥米の簪という言い方もあるようだ。瀬戸内晴美はお茶屋の女将のセリフとして、次のように言わせている。「いえ、あれは東京からきたもんどっしゃろなあ、祇園町では昔は鳥米の簪はささはらしまへんどしたなあ、あれは、いつ頃からさすようになりましたやろか」(『京まんだら［上］』、1972；講談社文庫、1976, p.40)

(22) See Lisa Dalby, *Geisha* (1983; University of California Press, 1998) p.43. ダルビーは上七軒で姉妹の盃事を観察しているが、その描写によれば、姉が口をつけた盃を仲居が妹に渡している。この点について著者は、"I goofed." という（E メール［11/2/98］)。

(23) 面談による（4/18/99)。

(24) E メール（8/20/98)。

(25) 水揚げ旦那になる院長が「り」の字をまちがえて書いたとき（p.228）と、お座敷で名刺（納札という）を出すところ（p.306）では、漢字を使わなければならない。

(26) E メール（8/20/98)。

(27) 東京フィルという名称のオーケストラが発足したのは 1946 年である。もともとは名古屋で松坂屋の音楽隊として発足し（1911)、東京に移って中央交響楽団（1938）となり、東京フィルハーモニー管弦楽団（1946)、同交響楽団（1948）に改称。(東京フィルのホームページ www.tpo.or.jp による)

(28) 犬養内閣の蔵相だった高橋是清が暗殺されたのは、もちろん二・二六事件のときである。犬養自身は五・一五事件で暗殺された。著者に何らかの錯覚があるらしい。ともかく「イヌカイ」という名前は出さないほうがよい。

(29) 東京からワシントンに贈られた桜の返礼として、ハナミズキが日本へやってきたのが大正 4 年である。

(30) 吉岡義子さん、まめ勇さんによる。なお、片山慶次郎『井上八千代芸話』(河原書店、1967）によると、11 段の扇も 1 本だけ存在するが、「白地金銀近衛引十一段」といって、先代の三世八千代から受け継がれた貴重品である。舞妓が持つようなものではない。

(31)『祇園・舞ごよみ』(京都書院、1998)

(32) 吉岡義子さん、まめ勇さんによる。

(33) 戦前なら 10 歳前後で舞妓になっていた。いまでは労働基準法の制約から、最低でも中学卒でなければ舞妓の仕込みを始められない。高校卒が当たり前であるので、昔なら芸妓になって当然の年齢で、やっと舞妓になっている。だらりの靴下《ルーズソックス》を卒業したあとで、だらりの帯をしめるというわけで、舞妓の体格が大きくなったために、その帯も以前より長くなったそうである。

そもそも舞妓や半玉といわれた職業的美少女の文化は、「政治的に正しくない」趣味をシステム化してできあがっていたのではないか。だが、必ずしも肉欲の対象というのではなく、出たての舞妓などは座敷に坐っているだけでよかった。また、美術や文学の素材となるイメージを提供する存在として、アイドルないしモデルの機能をも果たしていたと思われる。それを享受する側から長田幹彦は、「肉の歓び」ではなくて「形象を眺め味わう」のだと『祇園夜話』の中で言う（『大衆文学大系 20』、講談社、p.104）。一般に花柳界が男性の想像力の中に占めていた大きさについては、谷崎潤一郎『青春物語』（1993；中公文庫、1984，pp.19-21）を参照。谷崎が祇園で目にした薄暗い映像美は、「陰翳礼賛」というキーワードで語られる美学に直結するだろう。戦前の祇園は、芸術への刺激としても、現在の規模をはるかに越えていた。芸妓の減少と花柳小説の減少は軌を一にしているにちがいないが、だからこそ、いまになってアメリカ小説の素材として復活した現象がおもしろいのである。

(34) E メール（10/19/98)。“Kurotani” については、気づいた段階で出版社に訂正を申し入れたのに、まだ直してくれない、とのことだ。

(35) 毎年 4 月に上演される「都をどり」は、昭和 19 年から絶えていた。歌舞練場が接収されていたため、昭和 25 年から 3 年間は南座を舞台にしている。また、祇園が戦争で閉鎖になったのを昭和 18 年秋とする回想もある（早崎春勇『祇園よいばなし』、京都書院、p.77)。

(36) cf.「男衆のいるのは祇園だけの習慣で、先斗町や上七軒には男衆がいいしまへん」(瀬戸内晴美『祇園の男』p.15)

(37) 会長との出会いは昭和 6 年であるが、昭和 7 年の京都市電の乗車賃が、週刊朝日編『値段史年表』に載っている。全線区間で乗っても 10 銭だった。むしろ不安なのは、この当時、かき氷を売りに来たかどうかである。ある芸妓（80 歳代）に聞くと、西陣あたりでは「かち割り」を 3 銭から 5 銭くらいで売っていたが、かき氷を買ったことはないそうだ。ある女将（70 歳代）は、祇園では「かち割り」すらも覚えがないという。

3 SAYURIとさゆり

オレンジは紅殻色

たっぷり1年ほど、ある一つのことが楽しみと苦しみを兼ねて私の頭を占めることになった。京都弁を覚えないといけなくなったのである。

1997年、Arthur Golden, *Memoirs of a Geisha* という小説が、アメリカで発売されて予想外の売れ行きを示し、これを読んだスピルバーグが映画にしようと思い立ちもした。

原作を日本語にする作業に関わった私としては、何としても映画に先を越されないように仕事を進めたいところだった。だが、いつもの翻訳だと会話部分のほうがはかどるように思えるのに、このときばかりはセリフで難航した。主人公が祇園の芸妓なのだから、標準語でしゃべらせるわけにはいかない。

そこで翻訳の常識からすれば暴挙であるけれども、英語を京都語に直すという、とんでもない変換作業をパソコンの画面上で繰り返すことになった。できることなら若い現地語使用者（つまり舞妓さんです）とお近づきになって、生の京都語を学びたいものだったが、どうせ「一見さんお断り」の分厚い壁が立ちはだかったに違いない。

ともかく関東者が京ことばを書こうというのだから、珍事業であることは確かなのだが、京都を舞台にした作品をいくつか思い浮かべてみると、意外に作者が京都人ではないことが多い。白川のほとりに歌碑を残す吉井勇も、『祇園夜話』の長田幹彦も東京の人である。『五番町夕霧楼』の水上勉は若狭の出で、『京まんだら』の瀬戸内晴美は徳島生まれ、『序の舞』の宮尾登美子は土佐、『化粧』の渡辺淳一は道産子だ。

だからといって珍事業たる所以が減じるわけではない。川端康成でさえも、『古都』の連載を終えて単行本にする際には、会話の部分を「京都のひとに頼んで直してもらった」と自身の「あとがき」に書いている。あれだけの作家にとっても、京ことばは「第一の難点」であったのだ。東京から関西へ移住した谷崎潤一郎も、上方言葉については「助手を使って『卍』を書いたのが大分稽古になったけれども、未だに込み入ったことは云えない」(『青春物語』）というくらいである。

こんなことを文豪が言うのだから、一介の翻訳屋がインチキ京都弁を使うたら世間の物笑いになるのんとちゃうやろか、と思いながらも引き受けたのは、この仕事には今後二度となかろう面白味があったからだ。いままでは英語を訳しているようでいて、じつは中途で止めていたということに、あらためて気がついた。たとえば hometown だったら「故郷」や「郷里」を通り越して「生まれ在所」にまで持っていきたい。京都風には「うちの出所《でしょ》どすわ」とか何とか。こういう言い回しを訳文の中で使える機会はめったにないから、翻訳屋としては楽しいのだ。Introduction を「お披露目」、debut

を「店出し」と書くような快楽は、この先もう味わえまい。

そのかわり時間がかかった。初めに英語を読んでから、思いっきり日本語にするまでには、自分でもあきれるほど失語症のようになっていた。壁の色が a soft orange hue と書かれているところでは、オレンジ色の壁なんてあるものかと作者にメールを出しそうになって、何だ、紅殻《べんがら》色じゃないかと気がついた。英語なら orange の一種だろう。紅殻格子の家並み。一力《いちりき》亭の壁の色。京都の話なのだから、すぐわかりそうなものなのに、オレンジという言葉からでは思いつくのに手間どった。まことに色は思案のほか。芸者の小説である。

英語、日本語、「ハリウッド語」

私が原作に感じた魅力をひとことで言えば、「日本へのエキゾチシズム」だったのではなかろうか。*Memoirs of a Geisha* の世界は、そもそもフィクションである上に、昭和初期に設定された過去の世界として、もはや決定的に非現実である。だから作家がアメリカ人であろうがなかろうが、資料と想像力によって架空の世界をさぐるしかない。それができるのが小説だ。史実との異同をあげつらうだけの野暮天にはなりたくない。

作品の出来を決めるのは、説得力があるかどうかの一点だ。時代考証は説得力を増すためにある。それ自体が目的ではない。たしかに日本語版の『さゆり』では原作よりも考証を厳しくしたつもりだが、それは英語の原作がもたらす仮想現実のおもしろさを、日本語でも同じように再現したいと思えばこその微調整だった。

かつて祇園は芸術家を刺激した。小説や絵画の素材になった。そんな芸術作品誘発作用はだいぶ衰えたのかと思いきや、なんとアメリカの作家を刺激していた。これは痛快なことではなかろうか。また、ありがたいことに、その作家は「青い目で見たニッポン」式のつまらない態度をとらず、徹底して芸妓の目で見てやろうと企てた。それでもなお英語で書くことによる新奇な風味が出てくるのだから、また愉快である。

仮想現実の祇園には、日本人から見ても、充分にエキゾチックな魅力がある。とうに失われた世界は、現代の誰にとっても遠い異国だ。いまからでは絶対に行けない場所へ、フィクションによって行くことができる。それを著者は英語で書いた。私は日本語で書き直した。今度は大きなスクリーンに映る。もちろん語り口は違うだろう。英語、日本語、「ハリウッド語」。表現に使うメディアが違うのだから、その生かし方が違うのは当然だ。映画に「訳す」とどうなるものなのか、ぜひご覧になっていただきたい。

「ハリウッド語」の訳し方

小説の翻訳というと、英語から日本語へ、文字から文字への変換をする作業だと思っている人が多いのですが、じつは映像や音との縁が深いのです。文字だけでは仕事になりません。原作を読みながら、頭の中に情景を思い浮かべ、どんな人物がどのようにしゃべっているのか想像します。

つまり原作を「読む」というよりは、見たり聞いたりしている、と言ったほうがよいでしょう。人物の位置、視線の方向や距離、しゃべっている声の調子、その人がいる空間の大きさ……。そうやって見たもの聞いたものを日本語で書き取っていくのが、翻訳と呼ばれる仕事です。

というわけで、日本語版の『さゆり』をお読みくださる方々には、私が原作に触発されて思い描いた祇園の情景をご覧いただいていることになります。それが現実の祇園と違っているのかどうか、と問われたら、まったく同じであるはずがない、と答えるしかありません。私の取材に応じてくださったある女将さんは、もし小説が事実そのものだとしたら、かえって「辛気くさい」ではないかとおっしゃいました。そう聞いて、うれしくなったことを覚えています。

さて、翻訳者が想定するスクリーンは読者の頭の中にあるのですから、映画の絵づくりと違うのは当然でしょう。文字で描く絵は、映画のように大画面を埋めつくすものではありません。ちょんと刺激をあたえておいて、読者の頭の中《スクリーン》でふくらませてもらうことをねらいます。それしかできない、かもしれません。

『さゆり』のような物語では、花街の風景、舞妓のしぐさなど、一つ一つの絵になる箇所を大事にする積み重ねが、作品全体をおもしろくする鍵ではないかと思います。たとえば霧雨の中で「路地の石畳に提灯の火が映えて、点々と金色に光ります」のような、たいていは読み飛ばされるだろうところで、これもまた世界をつくる役に立ってくれと思いながら、さんざん時間をかけてパソコンの画面とにらめっこをしたものです。私の印象では、ゴールデン氏は章の終わりに粋な「絵」を配することが多く、その章をきっちり締めているように感じましたが、いかがでしょうか。

また、たとえ章の途中であっても、そういう絵には、ふと一瞬だけ時間を止めるような効果があったと思います。出の支度をして鏡へ振り返った初桃や、黒紋付で群を抜く立ち姿を見せる豆葉が、スチル写真になって脳裏に浮かび、ほどよい間ができてから、また動画の中へ戻っていく。もう仕事中でありながら、仮想の映像に酔っていたというべきです。酔った時間も仕事のうちとは、訳者も芸者も変わりません。

しかし仮想現実をつくるための「こだわり」は、英語と日本語では違います。一例として舞妓の髪型の話をしましょう。舞妓の結い方は “momoware” である、と原作には書かれています。ひょっとして「モモウェア」と読まれないかという、よけいな心配もするのですが、これが “split peach” の意味であることは、英語だけ読んでいてもわかります。なるほど「スプリットピーチ」とはよく言ったものだと思います。ただ、実際には「桃割れ」は東京の言葉であって、京都の舞妓さんは「割れしのぶ」という髪をしています。野暮は承知で、そんな問い合わせをいたしますと、ゴールデン氏の答えは明快でした。できるだけ「グラフィック」な効果のある表現をしたかったというのです。おそらく、まったく予備知識のない英語の読者に、どんな手を使ってでも、何かしらのイメージをあたえたかったのでしょう。

そこまで聞けば、あとは日本側の判断になります。日本の読者であれば、ある程度は髪型のイメージを持っているはずです。それを「桃割れ」と言おうが「割れしのぶ」と言おうが、どこが違うのか、わかる人にはわかるけれど、わからない人にはわからない。かくいう私もわからない。つまりイメージを喚起する力に大差はないのです。だとしたら、日本語で書く私は「割れしのぶ」にこだわります。関東人には耳慣れない用語が、なんとなく京都らしさを演出してくれないかという期待もありました。

いくらか経験を積んでから、さゆりは髪型を変えます。英語では “in a new style” で結うだけですが、私は「割れしのぶ」から「おふく」になった、と原文にはないことを書きました。日本市場向けのサービスのようなものです。こんなことは、いつもの仕事ではいたしません。この作品を訳したときだけの、秘密の楽しみでもありました。

私が原作を読んだときには、どこかに日本の男としての思い込みがあったに違いありません。祇園の町も座敷もさほどの大空間ではあるまい、昭和初期には今よりずっと暗かったはずだ、やわらかい京ことばの響きがあって、薄暗い中でわずかな光を受ける舞妓の装いが際立っている……というような幻想が、いつのまにか私の絵づくりに影響していたことでしょう。

同じ原作が〈ハリウッド語〉に変わったらどうなるのか。まるで異なる感覚で訳されているはずです。だから見たいと思うのです。どれだけ頑張っても、翻訳作品は一つの可能性というにすぎません。ほかの人が訳したらどうなるのか、おおいに興味をそそられます。巨大なスクリーンいっぱいに色彩を広げる訳し方を、じっくり拝見させてもらいましょう。

映画 *Sayuri* の DVD パッケージ（発売元：ポニーキャニオン）

4 カナダ産のヒロシマ小説

デニス・ボック（Dennis Bock）は1964年8月生まれ。ドイツ系のカナダ作家である。オンタリオ湖北岸のベルヴィルという町で生まれた。6歳のときにオークヴィル（これはトロントを通過してオンタリオ湖の西岸）へ移った。現在もトロント周辺に住んでいる。両親は1950年代半ばにカナダへ移民したドイツ人である。どちらも戦争中は子供だった世代であり、父はバイエルンの農家の、母はシュレジエンの都市の暮らしを、カナダで育つ子供たちに伝えた。デニスは5人兄弟の末っ子である。

ウェスタン・オンタリオ大学で英文学と哲学を専攻したボックは、在学中に1年ほどスペインに滞在したが、卒業後さらに5年間マドリードへ行って暮らした。英語を教えて生計を立てながら、同地の書店で手に入るカナダやアメリカの現代作家の作品を読む、という形で文章の修業をしたらしい。そのうちに創作を職業とする決意が固まるとともに、英語の生活環境へ戻る必要を感じて帰郷したのが1994年のことだった。翌1995年にはカナダ国内の文芸雑誌に短篇を発表するようになり、バンフ（アルバータ州）芸術センターの研修にも参加している。

単行本としてのデビューは1998年の『オリンピア』

（*Olympia*）だった。ベルリン・オリンピックに出場した選手の孫という設定の若者を中心に、短篇連作の形式をとったものだ。ドイツ系であることは、作家としてのボックの関心に大きく影響している。第二次大戦を20世紀最大の悲劇として忘れまいとする。カナダ生まれのボックにとって、歴史の授業で教わるドイツはナチス政権下の悪玉だった。年長の子にいじめられた経験もある。だが家へ帰って母から聞く話には、キャベツだけ食べて防空壕に隠れていたというような悲しみがあった。父はいくらか恵まれていたらしく、それぞれの環境がそれぞれの性格に影響しているとも思われた。そんな子供時代の中から、善悪の答えは容易に出るものではないという感覚が培われていった。

第1作ではドイツ、カナダという、いわば作者にとって文化的な土地勘のある脈絡で物語を作ったのだが、第2作『灰の庭』（*The Ash Garden*, 2001）では、ある大きな冒険を試みた。まったく来日経験のないカナダの作家が、日本をもう一つの重要な舞台として設定し、広島で被爆した少女を主役に据えたのである。あるインタビューでの発言によると、科学の躍進、道徳の後退という人間性の両極端を象徴するのが原爆であるが、もし現地を訪ねたら、かえって圧倒されて書けなくなっていたかもしれないそうだ。

いずれにしても難産の末に生まれた作品であるようで、捨てられた未発表の長篇も二つ存在したらしい。1997年に書き始めた『灰の庭』が現在の形をとるまでには、彼自身の試行錯誤に加えて、ハーパー・コリンズ社（カナダ）のフィリス・ブルース（Phyllis Bruce）、クノッフ社（アメリカ）のゲイリー・フィスケットジョン（Gary Fisketjon）という二人の編集者の存在がいかに大きかったかということを、作者が認めている。

ここでの「ヒロシマ」は、英語で読める文献と作家の想像力によって書かれたものだ。したがって当然とも言えようが、日本で書かれた作品とくらべれば、ディテールの物量作戦において不利であることは否めない。ボックは時代も空間も広島とは隔たったところで書いている。『屍の街』の大田洋子や『夏の花』の原民喜のように被爆の当事者だったわけではなく、井伏鱒二が『黒い雨』でしたように被災地を歩きまわることに大半のページ数を使ったのでもない。また、そうやって日本の作家と同じように書いても、あまり意味はないはずだ。

そもそも広島の現実を記録すること自体が作品の真意だとは思われない。もちろん、かなりの情報を集めたのは確かだろう。たとえば日赤病院に移る前の恵美子は、まず "the Oshiba Aid Station" へ連れていかれたということになっているが、これは大芝の国民学校が臨時救護所になったのだと考えれば、時代考証が成り立つ。しかし、病院内の情景となると、もはやフィクションの領域だと筆者は思う。

極端に言ってしまえば、被爆直後の広島を描くことは、この作品にとっては一つの手続きにすぎなかったのではないか。恵美子という人物を作りあげるためには、どうしても必要な場面である。そして、この恵美子がアントンおよびソフィーとの出会いを果たすべき展開のために、終戦直後の調査団来日、また 1955 年の「原爆乙女」の渡米という歴史の事実を、作者は利用したのである。ばらばらだった３本の糸を縫るように、３人の物語を絡み合わせ、太平洋と大西洋に広がった戦争の記憶を突き合わせている。

ところが、おもしろいもので、３人の物語のうち最も真実味があるのは、「エミコ」の章であるようだ。あくまで筆者個人の感想だから、決して読者に押しつける気はないけれども、訳していて扱いやすかったのは——ということはキャラクターをつかまえた感覚を持ちやすかったのは——恵美子である。それからアントン、ソフィーの順に翻訳の難度が高くなった。この作品の弱点をさがすとしたら、日本関係の事実誤認があるかどうかということよりも、ときとして後二者（とくにソフィー）について、やや観念的になってしまうことではなかろうか。もちろん、恵美子に共感が傾いたのは、ただ単に筆者が日本人だからだという可能性もある。作者自身の意識では、アントンを書くのが最も難しかったらしい。本当に客観的に見るとしたら、ボクシングの判定のように、日独墺米加を除外した、よその国の審判が必要かもしれない。

注釈めいたことを言うと、歴史を扱った小説としては通例だろうが、何人かの実在の人物が引っぱり出され、状況づくりに貢献している。原爆の開発を担当したのは、陸軍の暗号名で「マンハッタン管区」と呼ばれた部門であり、その開発が「マンハッタン計画」だったわけだが、その中心にいたロバート・オッペンハイマーが、砂漠の真ん中の研究施設に到着したアントンを出迎えたことになっている。ハンガリーから亡命したレオ・シラードも、なかなか好ましい良心派の人物として登場する。昭和 20 年９月には「マンハッタン管区」調査団が来日した。これにアントンも加わったという設定のおかげで、彼は恵美子の祖父と知り合う。そのときに乗った船が「ジェネラル・スタージス号」というのも芸が細かい。おそらく米軍の輸送艦であろう。こういう名前の船が終戦直後の日本に来ている。ちらっと名前だけ出るオーターソンは、医官のアシュレー・W・オーターソン大佐と考えて、まず間違いあるまい。B 29 から原爆を落とした爆撃手トーマス・フェレビー少佐は、機長のティベッツ大佐よりも多くの出番をもらっているが、作中で描かれているような人物であったのかどうか、いわんやテニアンを飛び立ってから広島上空へ来るまでに尿意を我慢したのかどうか、そんなことは想像の産物としか言えまい（こういうことを考えるから作家の想像力はおもしろいと筆者は思うのだが）。

アントンの来日とともに重要なのは、「原爆乙女」の渡米である。*Saturday Review* 誌の編集長だったノーマン・カズンズ（Norman Cousins）の尽力により、25 名の若い女性が選ばれて、ニューヨークのマウント・サイナイ病院でバーナード・サイモン博士の手術を受けた。作中にカズンズらしき影はないが、恵美子らの通訳として世話係を務めたヘレン横山という女性は実在する。少なくとも、その名前を作者は借りている。偶然の一致とは思われない。そして、この運動に情熱を傾けた八坂牧師は、明らかに広島流川教会の谷本清牧師をヒントにして書かれた人物である。谷本牧師は、名著とされるジョン・ハーシーの『ヒロシマ』（John Hersey, *Hiroshima*, 1946）に大きく取り扱われているので、英語で読める広島文献の中では、とくに目立つ存在だったはずだ。

こうした脇役たちにくらべると、中心となる架空の３人、すなわち天井恵美子、アントン・ベル、ソフィー・ハイネマンは、あえて曖昧さを残すように造型されていると筆者は思う。人物像に揺れがある。むしろ当然かもしれない。どの一人も典型としての役割を負ってはいない。戦争の影響を受けた誰もが特殊だったはずであり、恵美子もその一人なのだ。実際、アントンとの対話を見ていると、まるで典型同士の論争のように始まりながら、次第に個々の事情が顔を出してきて、どちらも一貫した（ないし型通りの）立場をとりきれなくなっている。

従来、英語の世界にも、ハーシーの前掲書のように、ノンフィクションとしては数多くの「ヒロシマ」が存在した。この『灰の庭』は、小説という形で出てきたことに意味がある、と筆者は思っている。日本人の心情に踏み込もうとする努力があって、なおかつ日本の小説とは異なる視点を提供してくれる。何かを理解しようとするときに、純粋な学問研究もさりながら、こうしてフィクションの形をとるものが現れてこそ、理解は一段階深まるのではないか。共感できる想像力がなければ、何事もわかったことにならないはずだから。翻訳者も小説の生産に関わる職業人である以上、そういう効用が小説にはあると信じて働いている。

著者が資料と想像力だけで書いたことに異議を唱える人もいるだろうか。現場を知らずに何がわかる、という非難を投げつけるだろうか。だが、いかなる過去の事実も、もはや再現されることはない。資料と想像力でさぐるしかないのである。この方法を否定したら、その問題についてはもう考えるなというに等しい。日本の悲劇を大きな文脈に取り込もうとして懸命に考えたカナダの作家がいる。喜ぶべきだ。語り直して忘れないようにする、ということこそ過去に対する正当な態度である。

なお、いくつかの点で著者の了解を得て原作から変更したところがある。大きいものは2点。まず恵美子の被爆現場である。「新庄橋」は、原作では「バンタイ橋」（The Bantai Bridge）と書かれている。だが恵美子が住んでいた安佐南に、そういう名前の橋はない（と広島市の広報課よりご教示をいただいた）。文脈としては、昭和20年当時、太田川にかかっていて、大芝にも近い橋と考えるのが自然なので、新庄橋ということにした。万代橋（これは「よろずよばし」と読む）との混乱を避ける意味もある。

また原書では2ページ半ほどの長さで「かぐや姫」と似たような物語が挿入される箇所があるのだが、これは日本語版では不要と判断して省略した。

5 小説に描かれたニッポン

滑稽な日本イメージ

小説が魅力を発揮するためには、キャラクターが光っていなければならない。筋書きがおもしろければよいと開き直ることも可能だろうが、人物が薄っぺらでは、せっかくの筋書きも生きてこない。ただの荒唐無稽としか思えなくなる。James Clavell, *Shogun*（1975，邦題『将軍』）があまりにも有名だったせいで、日本が出てくる英語小説全般に、何となく怪しげな印象がついてまわるのかもしれない。日本の歴史に取材した小説には噴飯ものが少なくない。

時代小説ではなくても Jay McInerney, *Ransom*（1985，邦題『ランサム』）の結末は、読者を唖然とさせるに十分だ。京都の北大路橋から賀茂の河原へおりた付近で、東山の空が明ける頃合いに、二人の男が斬り合いを演じる。主人公 Ransom は、宿敵 DeVito が振りおろした相模の国の住人何とやらの業物《わざもの》（刀剣）によって、首筋にざっくりと致命傷を受ける。その太刀筋は the sixteenth-century master, Miyamoto Musashi が the Flowing Water Cut と名付けた技だったというのだが、これを日本語で何というのだろうと考えるのさえばかばかしい。ついでにケチをつければ、宮本武蔵が剣のmasterになったのは17世紀ではなかろうか。

等身大に描かれた作品

日本を描く小説では、日本人に主要な役を割り振ったほうが成功率が高そうだ。思いきって日本人を主役にする、もっと思いきって日本人の視点から書いてしまうというくらいの意気込みがなければ――つまり言い換えると、どうしても日本を書きたいという動機があって、日本人の心理に踏み込み、その動きを追いかけようとする意志がなければ、想像力における越境は成りがたいのである。

そして成功例というべき作品が登場し、作家自身が日系であるかどうかに関わらず、日本人にも納得できる等身大のJapaneseが描かれるようになったことは確かである。これは個々の作家の資質もさりながら、長年にわたる日本研究の蓄積、情報量の増大がもたらした成果でもあろう。たとえばDavid Guterson, *Snow Falling on Cedars*（1994，邦題『殺人容疑』）の「謝辞」に記された参考書目を見れば、その一端がうかがえる。シアトル付近の漁業や太平洋戦争のほか、日系社会、日本文化に対する研究が基盤にあって作家の想像力がはたらいた（それでもなお、肝心な名前がKabuo Miyamotoになってしまったのは惜しい。日本語訳ではカズオとして修正されたが）。

このKabuoのような寡黙なキャラクターは、日系作家が描く人物像としてもおなじみである。日系文学の最大の成果に数えてよかろうJoy Kogawa, *Obasan*（1981，邦題『失われた祖国』）において、カナダ西海岸から強制的に内陸部へ移動させられた戦時中に、少女だったナオミの母代わりをつとめたのがアヤコ（ナオミの父方の義理のオバサン）である。戦後は若い世代を中心に政府の謝罪を求めて声をあげようとする動きも出る。それを代表するエミリー（ナオミの母の妹）は言葉の力によってナオミを導こうとするのだが、むしろ作品内で重い存在になっているのは、ひたすら“Kodomo no tame...gaman shi masho”の精神で耐え抜いたオバサンのほうである。沈黙がオバサンの言語なのだ。こんなにセリフの少ない題名役も珍しいのではないか。

戦中派世代とは対照的に、若手のYoji Yamaguchiは、写真花嫁（picture bride）という歴史現象——戦時中の強制収容とならんで、日系文学の２大モチーフと言ってもよかろう——を題材にしながら、痛快な風俗喜劇に仕立てた（*Face of a Stranger* [1995]）。だまされて娼婦になった女たちが、口八丁で男に仕返しをする。黙って我慢してはいない。

中国系の血も引いているGail Tsukiyamaは、昭和12年から13年にかけて神戸の垂水に滞在した中国人青年の目を通して、二人の印象的な日本人を造型した。ハンセン病のため人里を離れているサチという女、および彼女を愛し、外の世界との連絡役になっている庭師マツである。日本人読者としては「マツ」は通称だろうと思うのだが、それが「松」であることは原文からも明らかで、風雪に耐えて存続する二人の心の結びつきには、必ずしも悲劇的ではない静けさが感じられる。ただ、タイトルが *The Samurai's Garden*（1995）というのは内容への誤解を招くような気もする。落ち着いたいい作品なのだが。

想像力はどこまで越境できたか？

日系ではない作家が書いた日本人の例として、現代ものではサラリーマンとマンガ家のタマゴ、いくらか過去に取材したものでは日本画家と芸者を挙げることにしよう。

会社員の海外赴任が一般化した時代には、それが文学の素材になるのも不思議ではない。Meg Pei は、ずばり *Salaryman*（1992）と題して、アメリカ勤務をきっかけに会社人生から逸脱する Jun Shimada という男を描いた。妻 Taeko が心身症ぎみになり、夫婦の関係は冷たくなって、Jun はほかの女の肉体を求める。Taeko もさびしさから不倫に走って妊娠する。結局 Taeko は、もともと日本から連れてきた娘、および生まれた男の子とともに実家へ帰ってしまう。一人暮らしになった Jun はサラリーマンとしての競争に遅れをとり、飲酒量も増えて胃潰瘍で倒れる。精神には "indefinable anxiety" がある。これは芥川龍之介の「ぼんやりした不安」を引用したものだ。しかし生活が崩れていく過程で、人格まで会社の丸抱えになっていることへの疑問が大きくなり、自由なアルバイト人生を選ぶべく辞表を書くのである。

ペイは作品の舞台をすぐに東京からニューヨークとシカゴに移しているが、Alan Brown は日本の中だけにとどめて興味深い視点を導入した。

Toshi（=Toshiyuki Okamoto）は知床半島の羅臼で生まれた。ラーメン屋の息子である。今は東京でマンガ家のアシスタントとして修行中だ。彼がまだ小さい頃に母は羅臼の家を離れ、ウトロに暮らすようになった（できれば北海道の地図をご覧いただきたい。羅臼からは国後島が間近であり、ウトロは知床半島をはさんで島とは反対側にある）。

Audrey Hepburn's Neck（1996，邦題『オードリー・ヘプバーンズ・ネック』）という題が示す通り、映画で見たヘップバーンへの憧れから、Toshi は西洋人の女性を好む癖がある。上京した彼は、日本の男を追いかける女性英会話教師、やはり日本の男を欲しがるホモのアメリカ人男性などが遊泳する東京の外国人社会を知る。いわば異性愛／同性愛、日本人／アメリカ人という二つの区別が混乱する文化的性倒錯の物語であろうかと読者は考える。シュールなごちゃまぜ世界というべき東京が英語で描き出されるのだ。一種の東京発見物語でもあるのだが、これを外国人の目から書かずに、北海道出身の若者にやらせるところが新味であろう。

ところが読み進むうちに、いささか趣が変わってくる。なぜか突然に上京した父が山手線の車内で急死した。息子に言いたかったことがあるらしい。北海道へ帰った Toshi は母に会い、子供の頃には教えられなかった両親の過去を知る。実は母の故郷は朝鮮半島にあったのだ。いきなり日本軍に連行され、着いたところは北海道沖の島だった。働かされ、凌辱された。一人だけ親切だった日本兵が Fumio Okamoto、すなわち Toshi の父である。戦後、夫婦として暮らしたが、母は過去の記憶をぬぐいきれず、ようやく一人だけ子をなしたものの、島の見える羅臼からウトロへ働きに出て、そのまま居着いてしまった。

いわば作品の前半は Toshi による東京での外国人発見であり、後半は Toshi が彼自身の血の中に外国人を発見する。ある離婚したアメリカ人女性との関係に癒されながら、彼は現代日本が得意とするマンガというメディアを通して、両親の歴史を表現しようとする意欲に目覚めている。作品内には不自然な設定もあるのだが、日本の純粋性神話に疑問を投げかけようとする意図は見てとれる。

日本を扱った作家の本命としては、80 年代に Kazuo Ishiguro，90 年代に Arthur Golden が現れたと言えようか。知名度、完成度ともに他をしのぐものがある。人物像はもちろん、舞台となる土地の感覚をも十分に伝えていて、それがまた人物を引き立たせる。イシグロの場合、生まれが日本という有利な条件はあろうが、まるで日本文学の英訳のようでさえある雰囲気づくりに成功した。人物のセリフ、仕草、考え方など、白黒の文芸映画を見るようだ。第 1 作（*A Pale View of Hills*〔1982，邦題『遠い山なみの光』〕）から小津安二郎との関連が論じられた。しかも、*An Artist of the Floating World*（1986，邦題『浮世の画家』）を例にとれば、画家 Masuji Ono がたどった時代の変化と芸術家の姿勢についての葛藤を追うという形で、太い物語の線を貫いてもいる。日本情緒を醸し出しながら、西洋小説の骨格を意識しているらしい、というところはゴールデンも同じである。

ゴールデンは祇園に生きた元芸妓に一人称で語らせるという冒険に挑んで、英語による和風の世界を作り上げた(*Memoirs of a Geisha*［1997，邦題『さゆり』］)。想像力の越境としては最長不倒距離ではなかろうか。第1章の冒頭、Sayuriは条件文で口を開く。

> Suppose that you and I were sitting in a quiet room overlooking a garden, chatting and sipping at our cups of green tea while we talked about something that had happened a long while ago ...
>
> たとえば庭のあるお座敷でご一緒して、お茶でもいただきながら、遠い昔の思い出話をしたといたします。

この語り出しを作者は“a very particular way to start a novel”と言う。ここから全編が彼女の肉声だ。かつ芸妓であれば言葉のやり取りのプロである。寡黙なキャラクターにできるわけがない。彼女の語り口そのものが、すぐさま人物の造型につながる。さゆりは好んで比喩表現を用いるが、とっさに比喩を思いつくだけの機知もまた大事な商売道具なのである。

だが、最後に付け加えれば、たとえイシグロないしゴールデン級の作家であっても、日本についての間違いが完全にないわけではない。製作の段階でどこまで協力者がチェックするか、あるいは翻訳するとしたらどこまで訳者が修正するか、といった問題を考えると、英語文学の生産流通に日本人が能動的に関与できるという意味でも、なかなか刺激のある分野だと言えるだろう。

第Ⅳ章

翻訳、映像、移動、その他

『さゆり』と前後する時期に、ジュンパ・ラヒリというイギリス生まれのインド系アメリカ作家を訳すようになった。それ以前にも移民系の作家を手がけていたのだが、こういう人たちの作品を読んでいると、もともと「翻訳」文学ではないかと思うことがあった。あるいは、神話の素材を現代作家が書き直すことも、文学作品を映画化することも、広い意味では翻訳と考えてよいのだろう。そう言えば、祇園の話を英語で書いた作家も、いわば翻訳家だったのだ。誰かに何かを伝えようとする人は、すべてご同業なのかもしれない。この章では、そんな話題を集めている。

1 解釈をめぐる解釈

英文科なるものに入った学生時代を思い出せば、じつは困ったことがあった。みっともないから、あまり人には言わなかったが、「解釈する」とは何をすればよいのかよくわからなかったのだ。それから20数年、ある1冊の短篇集を訳したおかげで、この言葉がじんわりとわかってきたような気がした。

ジュンパ・ラヒリはインド系二世。ベンガル人を両親としてロンドンに生まれ、アメリカで育った。デビュー作 *Interpreter of Maladies*（1999）により、新人ながらアジア系作家としては初めてピュリツァー賞を得ている。既出の8篇に書きおろしの1篇（“The Third and Final Continent”）を加えた全9篇の短篇集だった。そして、この「三度目で最後の大陸」が、9篇目で最後の位置にあって、全体を締めくくる。

まるで俳句のように、ある一瞬をすくい取ってみせる鮮やかさ、というのが短篇作家の腕の見せどころであろうが、その一方で、小さな容器に大きな中身を詰め込んだり、小さな窓から大きな世界をのぞかせたりする作品にも、小さな形式を大きく生かす芸の冴えはうかがえる。「三度目で最後の大陸」は、そういうタイプの好例だ。皮肉ではなく「ミニチュアの長篇」と言いたくなるような充実感がある。

まずタイトルについて注釈をしておこう。原題の *Interpreter of Maladies* は第３篇に由来する。邦題は『停電の夜に』となっていて、これは第１篇（“A Temporary Matter”）を意識したもの。本当なら“interpreter”という語を生かして訳すことができればよかった。全篇に通じるキーワードになるからだ。しかし「病気の通訳」では、あまりにも生硬であり、へたをすると「病気にかかっている通訳」とさえ思われかねない。もちろん“interpreter of maladies”であっても、見た瞬間に何のことかわかる人は少ないだろうが、この英語からは確実にわかることが一つある。「病気をinterpretする人」という他動詞の語感が濃厚なのだ。その意味合いが出ないのなら、そう無理をしてまで「通訳」にこだわる理由はないという判断で、結局、日本語版オリジナルのタイトルができあがった。内容からすれば「三度目で最後の大陸」が全体を代表すると私は考えているが、タイトルとしては硬派にすぎて、これまたラヒリの雰囲気に最適とは言いがたい。

では、“interpret”とは、どういう意味なのか。ラヒリは身近にある題材を利用することが多いのだが、さりとて民族性をむき出しにした激しい作品を書こうとはしない。素材はあくまで素材である。「病気の通訳」というフレーズを仕入れたのも、じつはインドではなくアメリカでのことだった。ロシア人の患者をかかえたボストンの医者のために通訳をしているという友人の話を聞いて、“interpreter of maladies”とメモしておいた。だが、それを標題とする物語はインドに移植されていて、観光タクシーの運転手とアメリカから来た若い家族が、たがいの事情を“interpret”することになる。

ここで気をつけるべきなのは、“interpret”を「通訳」とだけ考えると、それだけで解釈を間違えてしまうということだ。ものは試しで、信頼できそうな辞書を引いてみれば、“translate into intelligible or familiar language or terms”, また“understand and appreciate in the light of individual belief, judgment, interest, or circumstance”のような説明がなされている（*Web*[3]）。つまり「自分のわかるような形に直して考える」行為が「解釈」なのである、と再認識してから作品の解釈を始めたい。異質な他者をわかろうとするなら、それと照らし合わせるための自分の基準もあるはずだ。ここまで言えば、もうラヒリのテーマに迫っている。インドとアメリカの中間地帯にいる人々が、「わからないもの」を「わかる」ようにしようと苦労して、さかんに解釈の行為を繰り返し、うまくいったり失敗したりしている。わからないものだらけの土地にいる移民の家族にとって、「解釈」の成否が人生の分かれ目になることは、容易に想像できるだろう。

Interpreter of Maladies が短篇集としてすぐれている一つの理由は、多様性と統一性のバランスが巧妙に保たれていることである。9篇のうちラヒリ自身と似たような立場、すなわち移民二世としての育ちが明らかな主人公は、第2篇（“When Mr. Pirzada Came to Dine”）の少女くらいなものだ。あとはアメリカで暮らす若夫婦、インドのタクシー運転手、アパートの居候、インドからの移民一世、さらにはアメリカの白人女性、白人少年、というように多彩な視点から物語が進められる。しかし全体のタイトルに“interpreter”という語が入っているとおりで、何かしらの異なるものに触れたとき、それをどうにか自分のわかるようなものに解釈しようと

する試みが、作品の随所で行われている。そして、異質な他者との出会いは、ときに苦い思いをもたらすかもしれないし、何らかの新しい成長につながる実りがあるかもしれない。ラヒリが好んで取りあげるテーマが「結婚」であるということも、その延長で理解できるだろう。男女の出会いもまた理解と誤解が交錯する異文化接触の現場なのだ。（とくに多民族社会では、どういう異性と関わるかの選択は、生き方そのものを決めると言ってよいのではないか。そのことは単行本の第2作である長篇 *The Namesake*［2003, 邦題『その名にちなんで』］で大きく取り扱われる。）

ここでは9篇すべてを分類している余裕はないが、おおまかな目安としては「わからなさ」には二つの極端があって、どの作品も中間のどこかに振れていると思えばよい。すなわち、その「わからなさ」の要因が、個人にあるのか、文化にあるのか。たとえば第1篇（"A Temporary Matter"）では、インド系アメリカ人という同質な二人が若い夫婦になっていて、それでも個人差から累積した行き違いが、停電の夜の遊戯だったはずの告白ゲームにおいて噴き出し、たがいに「わからない」存在だったことを露呈する。第6篇（"Mrs. Sen's"）では、アメリカの白人少年が年配のインド人女性をお守り役としてつけられるが、ものめずらしい遠来の人の暮らしの中に、母子家庭の自分と似たような寄る辺なさを発見して、そのぶんだけ少年は成長を遂げる。

こうした二種の「わからなさ」を巧みに総合するのが、「三度目で最後の大陸」なのである。解釈行為が成功する度合いからしても、全体の中で際立っている。

冒頭の1文に、まず作者は数字を持ってきた。「私がインドを離れたのは一九六四年のことだ」（新潮文庫、p.280）。短篇の書き出しというのは非常に気になる箇所である。この戦略ポイントをどう通過するべきか、訳者にとっては悩ましい。まして作者は悩んだ末に書くのだろう。また 1969 年に 36 歳だったことも、すぐ読者に明かされる。これは「私」がアメリカへ行った年であり、人類が月へ行った年でもある。「私」が作者の父の世代であることもわかる。移住して大学図書館に勤める男は、作者の父親をモデルにして書かれた。現在でもロードアイランド大学のホームページを見れば、図書館スタッフの中に Amar Lahiri 氏の名前がある。

もう一つ、第 2 篇（“When Mr. Pirzada Came to Dine”）も数字で始まる。バングラデシュが独立した 1971 年という時代設定のためだ。物語の主人公が一人称の語り手を兼ねるのも、この二つだけに共通する。ただし、第 2 篇ではインド系二世の少女がリリアという名前であることがわかる（学校の先生と父親に呼びかけられる）のに対し、第 9 篇では最後まで「私」の名前はわからない。これは妻が夫を名前で呼ばないというインド系一世らしい演出になっているが、移民第一世代の everyman として無名であることが重要なのでもある。

1964 年にロンドンへ出た男は、1969 年に呼び戻される。インド式の “arranged marriage” で嫁の世話をされたのだった。見知らぬ男女が夫婦になるということが、作品の展開上、大きな意味を持つ。知らない国での生活に慣れること、知らない女との生活に慣れること、という二つを組み合わせたからこそ、最後のまとめにふさわしいのである。自分の結婚式に出るためにカルカッタへ帰った男は、5 日間だけ妻と同居してから、とりあえず単身でボストンへ飛ぶ。妻のマーラは在米許可がおりてから来るはずだ。まず男が下宿したのはミセス・クロフトという老女の家だった。ヴィクトリア時代の道徳を忘れない103歳の白人女性である。このときのアメリカは月面着陸のニュースに沸いていた。老女も月にアメリカの旗が立ったことで興奮気味である。あとでミセス・クロフトの訃報に接したとき、それは男がアメリカで初めて悼む死になった。

だが、この男が本当に苦労する相手はマーラである。アメリカへ来てからも、あいかわらずサリーの胸元を押さえ、また頭巾のように巻いている。すでに渡英の経験がある男は、アメリカの暮らしにも慣れつつあった。したがって「私が慣れていないのはマーラだ」(p.306) という事態になる。

新しい国では、少しずつわかってくることがある。マーラが到着する前のある日、通勤途上で小さな事件を見る。幼児を連れたインド人らしい女が、犬を連れたアメリカの女とすれちがい、犬に飛びつかれていた。「ああいう小さな不幸が遠からず他人事ではなくなる……マーラを受けとめ、守ってやることが私の義務になる」(p.306)。そう思った男は役目を果たす気になって、アパートを確保し、マーラとの生活にそなえる。

ぎくしゃくした新婚生活が始まるが、この夫婦に最大のプレゼントをしたのはミセス・クロフトだった。ある日、クロフト邸を再訪したとき、老女は偏屈なしゃべり方をして、じっくりマーラを検分するから、ここでも「小さな不幸」を忍ばねばならぬのかと思うのだが、意外にも「完璧。いい人を見つけたね!」と断言する。「そして初めて、私たちは見つめ合い、笑顔になった」(p.315)。長い夫婦の生活は、このときに始まったと言ってかまわない。市民として定着し、一戸建ての家をかまえて、ハーヴァードの学生である息子を持つにいたった現在から回想して、そのように男は考えている。宇宙飛行士は20時間ほどで月面を去ったが、男は新大陸に30年以上もとどまった。一人の移民の冒険は人類の大きな一歩ではあり得ない。しかし、当人にとっては「どれだけ普通に見えようと、私自身の想像を絶すると思うことがある」(p.319)。

こういう先代の経験を素材として、現代アメリカの創作コースで鍛えられた二世作家が、受け継いだ記憶を忘れないように書いている。「わからないもの」を一つずつ「わかるもの」にしていった親世代の物語を、今度は新しい世代から見てもわかるようにフィクションに変換して残す。[※これについては次節でも述べる。] かつてネット上の雑誌に発表されたラヒリのエッセーは“I translate, therefore I am.”と結ばれる。なるほど、言い得て妙。だったらラヒリの作品は、それ自体が翻訳文学ではないか。それを私が日本語に重訳したことになる。

2 「わからないもの」を「わかるもの」に変える、ラヒリの小説

ラヒリは翻訳家である、と言ったら多くの人が首をかしげることだろう。たしかに職業上の肩書きとして翻訳家を名乗ることはなかろうが、実質としてそのようなものではないかと私は考えている。さらに大きく言えば、人はみな何らかの翻訳をして生きている。そんなことが、ラヒリを読むとわかってくる。

私が関わっている小説の翻訳という仕事も、いわば「一種の翻訳」であるにすぎない。そして映画化も一種の翻訳であるだろう。文字で書かれた作品を映像として再表現している。外国語で書かれた作品を日本語で語り直す（つまり狭義の）翻訳の場合でも、訳者の頭の中では必ず映像化が起こって、それぞれの場面を演出している。そうでなければ、まるでセリフの棒読みのような英文和訳になるだけだ。「大根訳者」とでも言おうか。

そんなわけで、私の立場から映画を見ると、ほかの人はどのように訳しているだろうという興味の対象となる。もちろん、映画と文芸では、いやでも大きな違いに気づく。文芸の翻訳にあっては、一人で原稿を書いている。原作として書かれた文字だけを手がかりに、まったく個人の想像として仮想世界を演出し、ふたたび文字にして書き留める。そんな繰り

返しで暮らしている筆者が映画を見たときの感動には、共同作業に対する驚きが多分に含まれている。大きい、という感じがする。撮影チームが現実に「ものづくり」をした結果の映像美に、素直に敬意を表したい。

また、本を読む場合には、読者の都合次第で、いくらでも時間をかけられる。ゆっくり読んでも、どんどん読んでもかまわない。ところが上映時間の決まっている映画では、あらゆる観客が同じテンポで見なければならない。訳者のように、さんざん時間をかけて原作につきあった者が、その感覚で映画を見ると、いささか展開が速すぎて、ついていくのが大変なようにも思う。活字側の人間としては、できれば本を読んで予習してから映画館へお出かけくださいと言いたいところだ。

ただ制作の方法はともかく、原作をどう読むかという基本については、ほとんど違和感がない。テーマに関しては、読んでから見るか、見てから読むか、いずれにしても裏切られることはないと思う。その基本とは、冒頭でも言ったように、ラヒリは「翻訳家」だということ。つまり「わからないもの」を何とかして「わかるもの」に変えようとすることが、ラヒリ作品の要点なのである。この作業が移民家庭にとって死活問題であることは、容易に想像ができるだろう。行った先が「わからないことだらけ」の世界で、見るものすべてを「わかること」に変えていくとしたら、時々刻々に翻訳を繰り返していると言ってよい。

また何かをわかろうと苦労すれば、その結果、自分自身が変わるかもしれない。「翻訳」という日本語ではわかりにくいかもしれないが、もし英英辞典をお持ちであれば、すでに知っているつもりのtranslationという単語を、あらためて引いてみたらいかがだろう。国語辞典に出ている「翻訳」とは、かなり違った意味を感じるはずだ。「変容」と言うべきニュアンスがある。「場所の移動」を含むことさえある。遠くへ移って、わからないものを解釈しようとして、みずからの変化も生じる、ということがtranslationという1語に込められるなら、それこそラヒリのテーマそのものだ。

わかるための作業は外の世界に対して行なうだけではない。家庭内にも「わからないもの」がある。インドの伝統的な見合い結婚により、それまで知らなかった男女が夫婦になったのだとしたら、まず夫を（ないし妻を）わかるようにする努力が要る。と、まあ、ここまではラヒリのデビュー作にして出世作だった『停電の夜に』でも、おなじみの設定だ。第2作『その名にちなんで』では、アショケとアシマの夫婦が、そういうドラマの当事者である。さらに、その次の世代、ゴーゴリおよび（出番は少ないが）妹のソニアは、上の世代から降ってくる「インドらしさ」と、実生活にあふれている「アメリカらしさ」に挟まれて、自分の位置を見定めるのに苦労する。わかるための解釈に成功したり失敗したりしながら、だんだんと自分も変わっていく。

このテーマは（少なくともゴーゴリという名前ほどには）めずらしくない。いや、マイノリティ系の文学にあっては定番と言うべきだろう。どこからかやって来て、その地に根付いて、次の世代が引き継いで、という話であれば、アメリカ小説全体の定番でもある。昔から繰り返された主題を、最近の移民作家が変奏しているようなものなのだ。ラヒリを「特殊な」作家だと考えるのは間違っている。また、あくまで程度問題というだけで、自分さがしの苦労が誰にでもあることは言うまでもない。

だとすれば、この作家への評価は、めずらしいことを書いたからではなくて、めずらしくはないことをどのように書いたか、に求められるべきである。なじみのある素材をもとに、うまいことインド風味をつけて仕上げたシェフの腕前を、おおいに味わいたい。それは映画に対しても同じだろうと思う。

『その名にちなんで』では第一世代の人生と第二世代の半生までが扱われた。2008 年の新作短篇集『見知らぬ場所』では孫の代まで登場し、すでに第一世代は老人としての生き方をさぐっている。ラヒリの実年齢とともに作品世界も成熟していくようだ。この作家が書いたどの 1 篇についても、それを映画として見てみたいと考えてしまうのが、一人のファンとしての欲張りな願いである。

3 拝啓、フェイ・ミエン・イン様

1996年の初夏、ある女性に1通の手紙を書いた。宛先はニューヨーク。名前はフェイ・ミエン・イン。

どういう人なのか、ほとんど知らなかった。小説家であることは確かだ。その作品を訳しかけていたのだから。そして、ありがたいことに文藝春秋に彼女の名刺が来ていた。活字でFae Myenne Ngとあって、手書きの漢字が3つ――伍慧明。

私は『骨』(*Bone*)という作品に惚れ込んで、これだけは他《ひ》の訳者《と》にとられたくないと思っていたが、どうにか自分のものにして安堵したのも束の間、今度は現実問題に迫られることになった。著者は中国系二世のアメリカ人。ときどき広東語らしきものが出る。私は中国語がわからない。

英語の会話に中国語が混ざる感じ、などというのをカタカナでごまかしたらつまらない。たとえば、妹のオーナが飛び降り自殺したことを親に知らせるとき、Ona *tui-low* という。横文字言語の訳者なら、このまま *tui-low* と書けばよい。横すべりである。だが、横の文字を縦にしておきながら「トイロウ」では芸がない。

さらには固有名詞もある。一族の墓には中国語で名前が刻んであることになっている。また、ろくに英語が読めないはずの一世が読んでいる新聞は、きっと華字紙にちがいない。こうなったら漢字で書くしかない。いいかげんな字をあてるわけにもいかない。だが、もし漢字さえ使えれば、いい雰囲気が出るだろう。

そんなわけで手紙を書いた。その時点では、いつ訳し終えるかわからなかったので、だいたい出来上がったら質問リストを送らせてもらいたいがよろしいかという趣旨にした。一応、承諾をもらった。だが、この英語作家は、どこまで中国語を知っているだろう……。

予想よりも仕上がりが遅れて、この年の 12 月に質問状を送った。それまでも「遅れてすみません」という程度の挨拶はしておいた。忘れられたらかなわない。ところが質問への返事は、なかなか来なかった。だいぶ気を揉まされてから、ファックスで反応があった。ほとんどの質問に答えられるが、時間のかかる項目もあるので、いつまでに答えたらいいか知らせてほしいという。忘れられてはいなかった。いや、調べてくれている。

いまにして思えば、私が中国語の語彙を求めたことを喜んでもらえたのかもしれない。『骨』という小説は、三姉妹がそれぞれにチャイナタウンから脱出するといってよい内容なのだが、脱出に悩みがつきまとうのは、親世代から伝わったものへの愛着もまたあるからだ。どうやらインさん自身も、アメリカ生まれではあるけれど、相当に歴史意識の強い人らしい。やり取りするうちに、そんなことがわかってきた。

この段階ではファックスが主たるメディアになっていた。ブルックリンの電話番号にかけると、まず録音の声が出てから、ファックス受信に切り替わる。

私のパソコンが漢字を処理できることをおもしろがっていた。アメリカの製品でも漢字を出せたらいいのにと羨ましがりながら、手書きで「新年快楽」という文字を英語に添えたりもした。そのうちに、電子メールのアドレスはあるか、と尋ねてきた。

さあ、困った。当時、そんなものをやったことがなかった。勤め先の学校でネットサーフィンの真似事はしていたが、通信の設定すらしておらず、泥縄式に教わって、はじめて発信する相手がインさんとなった。まさに窮すれば通ず。通じた。飛んでくる（流れてくる？）メッセージにも、用件以外の言葉が増えた。そっちのほうが貴重だったとも言える。ニューヨークに冬の最後の雪が降り、白くなった公園へ犬と出ていった、というような。

だんだん図々しくなった私は、あれこれ思いついたことを訊《き》いてしまったが、それも無駄ではなかった。たとえば、献辞に記されたAh-Samはゴールドラッシュのころに渡米した中国人で、著者の曾祖父にあたるのだとわかった。アー・サム。入国の際、管理官につけられたアメリカ名である。漢字をあてれば亞深。ろくに残高のない昔の預金通帳を、著者は見つけたことがあるという。

もちろん、しかるべき情報も十分以上にもらえた。漢字が必要なときはファックスを併用する。おかげでOna *tui-low*は「オーナ跳楼」になった。なるほど飛び降りた感じだ。Herb Shopの看板には「薬材舗」と書けた。Great Easternは「大東餐館」という店になり、わけのわからないWoey Loy Goeyは「會來居飯店」に落ち着いた。Grandpa Leongにも「梁海權」なる中国名がついた。

細部にこだわったようだが、この小説にはチャイナタウンの鮮やかなイメージが必要で、そのためには小さなことが大事だった。昔の文字をデジタルで送ってくれたインさんに、あらためてお礼を言いたい。うれしくなるようなアジア的こまやかさが、アメリカの回線から伝わるのだった。

4 ミストリー・トレイン

ロヒントン・ミストリーの『ボンベイの不思議なアパート』(文藝春秋)という短篇集を訳したとき、全体の構成やテーマの上から、シャーウッド・アンダーソンの『ワインズバーグ・オハイオ』(橋本福夫訳、新潮文庫)を思い出していた。ゆるやかに連係する短篇群にあって、田舎で鬱々とする人々が、都会との関係をめぐって揺れ動く。あるいは憧れて出ていき、あるいは疲れて帰ってくるのだが、それを見ている一人の青年が自分でも移住を決意する。そんなところで両者が似通っていると思われた。

もちろん、時代と距離はちがう。『ボンベイの不思議なアパート』の原書が出たのは1987年、『ワインズバーグ・オハイオ』は1919年。それだけの時差が移動の形態を変えた。アメリカ中西部の架空の田舎町ワインズバーグの住人は列車で国内の大都会へ出るけれども、ボンベイのフィローズシャバーグと称する架空のアパートの住人は、飛行機で大西洋を飛び越え、アメリカやカナダに移民する。

この一事をもって断定するわけにもいくまいが、ある象徴性を感じることはたしかだろう。移動距離の格段の伸び。英語の小説が、ただイギリス小説、アメリカ小説とはまとめきれなくなって、はやりの言葉だと「越境する」作家たちが勢いづいている時代なのである。

ところが、ようやく出版までこぎつけた第２作『かくも長き旅』（文藝春秋）――ようやく、というのは訳者が「かくも長き仕事」にしただけのことだが――になると、ミストリーは身体だけカナダにおいたまま、話の中身をすっかりインドへ戻した。主人公がボンベイからデリーに移動する場面があるが、これは列車の旅である。自由席ということになっていて、実際には苦力《クーリー》に非公式な予約金を払わないと座席を確保できない列車に乗っている。

タイトルが *Such a Long Journey* で、その表紙に列車の写真を使ってあるくらいだから、旅は大事なモチーフと思われるが、結局は人生を旅に見立てているのだろう。それで旅に意味があるのかと問うている。前作は若者がインドからカナダへ「ここまで来た」という感慨の旅だったが、今度は悪くなる一方の世の中で、ついに「ここまで来てしまった」という中年男の悲哀の旅だ。ずっしりした読後感のある、いい作品だと思う。編集部がオビにつけたキャッチフレーズは「インドに芥川賞があったらこれだ！」――むふふふ。

原書の写真を使えなかったという事情で、日本語版の表紙は列車から人力車《リクショー》にかわった。これまた、なかなかの味である。男女の客を乗せて半ズボンの車夫が引く。これを上からのアングルで撮ったもので、乾いた色の地面が背景のように見える。ほかの通行人が構図の隅に写っている。そこへ「旅」だけ大きめの字にして題名をかぶせた。デザイナーの坂田政則さんに感謝。

Such a Long Journey

『かくも長き旅』

5 3つの“I”

ここでは、いままでの作家とは、やや趣を変えて、イギリスの女性作家ジャネット・ウィンターソン（Jeanette Winterson）の話をしよう。この人の作品を1冊だけ引き受けたことがある。2005年の *Weight* という短めの長篇で、邦題は『永遠を背負う男』になった。これは現役作家が神話を語り直すというシリーズに入っている。何やら壮大な、世界規模の企画らしい。イギリスのキャノンゲイト（Canongate）社が、発起人というか勧進元というか、まとめ役になっていて、32カ国から34の出版社が参加する。いくつかの異なる言語にまたがった企画なのだから、成立するためには翻訳者の必要が発生する。ありがたいことである。

そのような企画として、と言えるのかどうか、結果としては英米での出版とほとんど時差なしで日本語版を出せるタイミングになった。ということは、翻訳は原書が出版される前のゲラによって進めるしかなかった。ほんとうは好ましくないことだ。ソフトウェアで言えばβ版のような位置づけか。どうせ製品版の手前で変更があるに違いないから、あとで点検する作業がわずらわしい。いや、いったん表現を決めたあとで、やり直しの箇所が出るのは、面倒くさいというよりも悲しい。

ただ、かえっておもしろいこともある。変更の前後で比較すれば、作家が何を重視して書いたのかヒントになってくれるかもしれない。製品版の一歩手前をのぞけるのは、業界内部の特権だろう。その作家について論文を書こうという人から見れば、うらやましいのではあるまいか。今回も、そういうケースだった。作業用には片面印刷のゲラを使ったが、そのあとで両面印刷の最終ゲラが来た（ここで改稿がなされていた）。

この作品では、３つの“I”が出る。まず語り手である作者。それからアトラス、およびヘラクレス。一応はアトラスが主人公だと言えるだろう。ゼウスに反抗した罰として、永遠に世界を背負わされた男だ。原題は、ずばり *Weight*（重荷）である。といって、じっと重みに耐えて動かないだけでは、さすがに物語の進めようがなかろう。ちょうどよく登場するのがヘラクレスだ。義母である女神ヘラの嫉妬にもとづく陰謀から、12の難題を解決する役目を負わされたヘラクレスは、その一つとして「ヘスペリデスの園」にある黄金のリンゴを採るために、ヘスペリデスの父であるアトラスに相談を持ちかけた。しばらく重荷の肩代わりをするから、リンゴを採ってきてくれというのである。

この二人の交流ないし駆け引きが物語の軸になるが、随所に作者自身の声がはさまれて、宇宙の始まりから、すでに神々が滅んだ現代にまで想像を広げ、運命と自由について考える作品になっている。大きく分ければ、作者による思索の部分と、神々や英雄による物語の部分があるのだが、後者ではアトラスとヘラクレスが“he”として三人称あつかいされることも、“I”として一人称で語ることもある。

３つの "I" の使い分けは、さほどに難しくなかった。作者とアトラスは「私」と書けばよいと判断した。表記は同じでも、語っていることの文脈は違うし、女と男の声の差もあるから、混同する心配はない。荒っぽいヘラクレスは「俺」にすればよい。と、まあ、全体としては「語り分け」ができそうに思ったのだが、ある章では迷った。「人間の選択について、何が言えるだろう」と始まって、親に捨てられた生い立ちについて、また運命と自由について語る章である。語り手の "I" が誰なのか判然としなかった。アトラスでないことだけは確かだったが、たぶん作者かと思いつつ、まさかヘラクレスではあるまいなという疑いも捨てきれなかった。もし作者の意図が「どっちつかず」にあるのだったら、それが五分五分でも七分三分でも、とにかく二股をかけているのなら、翻訳は絶望的に難しい（あとで考えれば、ヘラクレスはたいして高級な思考力の持ち主ではないのだから、ここで "I" になる可能性は低いのだが……）。

ところが、ありがたいことに、この章はほぼ全面的に改稿された。もう大丈夫。120パーセントの自信を持って、この "I" は作者だと言える。だいぶ語り口が変わって、境遇に関する具体性が高まり、アクリントンという地名まで出してくれた。作者が育った町である。大きな物語に自身の過去を重ねて、なんだか神話と私小説が合体したような性格が明らかになった。また、訳しにくいと思った表現が２つ３つ消える効果もあったのだから、こういう改稿は大歓迎だ。よくぞやってくれましたと思う。

最後にもう一言。アトラスとヘラクレスの対比もおもしろいのだが、そのあとに秀逸な仕掛けが待っている。アトラスがさんざん重荷に耐えているうちに、神々さえも滅びてしまって、すっかり変わった地球から犬を乗せたスプートニクが飛んでくる。アトラスとライカを出会わせたのは、おみごとな演出だ。くたびれた中年男の訳者でさえ「かーわいー」と叫びたくなる犬である。これも現代の神話のキャラクターとして、充分に登場する資格があるだろう。ようやく運命を離れた巨人と小犬が、宇宙の彼方へ去っていく。その姿が目に浮かぶようだ。

6 若き医大生が描くメディカル・ミステリーの処女傑作

躍り出た、という言葉は、こういう人のためにあるのだろう。26歳の医大生が書いた初の長篇に英米の出版界が飛びついた。ダニエル・メイスン（Daniel Mason）は、カリフォルニアのパロアルトに育って、1998年にハーヴァード大学を卒業（専攻は生物学）、さらにマラリアの調査研究のため1年ほどビルマ・タイ国境地帯で過ごしてから、カリフォルニア大学（サンフランシスコ）の医学部に入った。その後、いわば学業の合間に書き出したものが発展して、第1長篇となった。これを「メディカル・ミステリー」と表現した書評も見られたが、べつに「医学ものミステリー」と言ったのではなく、どうやって医学生がこれだけのものを書きあげたのかという意味である。しかし、謎めいた軍医がピアノを欲しがり、その要請によってロンドンからビルマの奥地へ行った調律師が、地元勢力との駆け引きに巻き込まれるという成り行きは、充分にミステリーと言えよう。

おもしろい小説という言い方は、本来なら冗句であるべきで、おもしろいのは当然であってもらいたい。もちろん何をおもしろいと感ずるかは人それぞれで、蓼食う虫も好き好きという原則は、世の中の幸福の相当部分を支える基礎ではないかと思うのだが、この『調律師の恋』（*The Piano Tuner,*

2002）という小説になら、たいていの虫が喜んで食らいつくに違いない。そんな宣伝の口上を、憚《はばか》りながら著者になりかわって述べておく。こういう軽口をたたきたくなる作品は、訳した者にとっても、そう多くはない。

原作への書評では、判で押したように、ホメロスの『オデュッセイア』とコンラッドの『闇の奥』が引き合いに出されていた。英語世界の書評家としては、そう言わないと仕事にならないのかもしれないが、少なくとも後者については、あまり強調しなくてもよいだろう。川をさかのぼって奥地に駐屯している謎の男を求めるというところまでは似ている。しかし、求める人物も、求められる人物も、ずいぶん趣が違う。またストーリーの線はずっと明瞭で、いい読み物になっている。何よりも、ここには魅力たっぷりの女性キャラクターがいるではないか、と言いたくなるのは、訳者の私がキンミョーにいかれてしまったせいだろうか。王家の血を引く謎の美女だ。

ロンドンから中東、アジアへと、まるで旅行記のように始まった物語は、ようやくビルマに着いた頃から、ある方向に動き出す気配を見せる。主人公エドガーの心の動きとしては、着くまでよりも着いてからの移動距離のほうが長いだろう。ここからイギリスへの懐疑が生じている。たしかにエドガーも調律師であり、ヨーロッパ文明の精華を保守点検する立場にあるのだが、来てみればビルマ音楽の良さもわかる。ビルマの竹を使ってピアノを直すこともできる。そういう人間なのだ。アジアを軍事力で圧倒し、ヨーロッパの色で版図を塗りつぶそうという人々とは気質が違っている。

マンダレーの昼食会に出ている高級将校やその夫人連なら

ば、空気までイギリスから持ち込んだような暮らしをして、いわば堅固な鎧のようにイギリスを身にまとっている。アジアに溶けていく危険はない。ところが医師キャロルも、調律師エドガーも、おそらくナッシュ＝バーナム大尉も、帰る道を忘れてしまったらしい。ある世界を知ったことで、もう後戻りができなくなるという運命は、アラビアの洋上で一つの話を繰り返す老人が予兆していたことである。『オデュッセイア』の逸話が示すことでもある。

この引き寄せられる感覚は、一種の「恋」と言ってよかろう。ナッシュ＝バーナム大尉は、植民地の軍人の心がけとして、女には惚れないように気をつけろと言うけれど、その大尉も帰れなくなる一人である。また男心の対象は美女ばかりではない。エドガーにとっての音楽、キャロルにとっての博物学。そして奥地に優美な姿を見せて立つエラールのピアノこそ、第一等の美人ぶりではあるまいか。政治経済の損得よりも、あえて恋心を優先させる美意識を持った男たちの物語として、やや照れくさいが『調律師の恋』という邦題になっている。たまには中年以上の男性にも、翻訳小説を堪能していただきたい。

7 病んだ時代のスナップショット

またしても身を削るような思いをしたけれども、どうにか本物の身は削らずにすんだ、というのがブレット・イーストン・エリスの『インフォーマーズ』（Bret Easton Ellis, *The Informers*, 1994）を訳し終えての感想である。前回、つまり同じ作家の『アメリカン・サイコ』（*American Psycho*, 1991）を訳した年は、いつもより5キロ痩せていた。あれほどに分量と刺激のある殺人場面が、体にいいはずはない。その翌年には体重が元に戻ったのだから、やはり身が削れたのはエリスのせいだったと思う。あれ以来、痩身願望のある人には、へんなダイエットをするより、へんな小説を訳したらいいと勧めている。

それでも自分で訳した小説は可愛いのである。ざっと読んだだけの印象と、実際に訳したあとの印象では、作品への感覚がまるで違う。添うてみてわかることもある。

今度の『インフォーマーズ』も、一読したときは雑然とした寄せ集めのように思えた。各章がてんでな語り口で、年齢性別のさまざまな人物がそれぞれの生活を伝えている。しかも誰かを相手にして語るよりは、モノローグが漏れてくるような場合が多いから、聞いていて理詰めにわかる話ではない。なんとなく様子が知れるという程度である。だが訳しているうちに、この寄せ集めにもかなりの計算があると見えてきた。さらにエリスという作家そのものについても、私自身の印象がかたまったように思う。

デビューしたのが早かったため、『インフォーマーズ』の時期には、30歳を越えたばかりでも、作家としては10年選手になっていた。最初の2冊ではロサンゼルスの若者風俗を描き、文壇の「悪ガキ」呼ばわりされながら、ともかくも世の注目を浴びる存在になった。私が訳者として関わったのは３冊目の『アメリカン・サイコ』、および4冊目の『インフォーマーズ』である。前者では舞台をニューヨークに移し、80年代後半の金融業界におけるエリートビジネスマンが、裏の生活では倒錯した殺人マニアであるという設定にした。すさまじい凌辱と殺害の場面が連続し、被害者は肉体を寸断され、訳者も5キロ削られたわけだが、その過激な表現が根本的なところで現実離れしてはいないと思えたものである。

描かれた行為が醜悪であることは誰にだってわかる。だが、極端に書けばそういうことになるような醜さが、現代には染みついていませんか、とエリスは言いたかったはずなのだ。角川文庫に収められたとき、私は「訳者あとがき」に書き足して、これは時代を映す鏡であると記した。鏡としては強烈にゆがんでいるから、誇張された形で映るのだけれども、映るものは現実にある要素だから映るのだ。

エリスは時代を記録する。それは『インフォーマーズ』において、ますます明らかである。ある書評で「隠れモラリスト」（a covert moralist）と呼ばれていたが、私も賛成だ。そういう性質が読みとりやすくなった。『アメリカン・サイコ』

では強烈な刺激にまどわされて、ポイントを読みそこなう恐れもなくはなかったが、今度は大丈夫だろう。醜さにのめり込んでいったような前作にくらべれば、ここでは少々の距離をおいて時代を見ていることがわかる。

観察地は80年代前半のロサンゼルス。富裕で腐乱した暮らしぶりをわれわれに伝えている。「伝える」人々が出てくるから『インフォーマーズ』なのだろうと私は思う。それぞれスナップショットのような13の章からできているが、ばらばらなようでいて案外つながっている。わずかに出るだけの人名地名が、あとで思いがけず再登場することもあるから要注意。すべて同時代のスナップなのだと気づかせる小さな仕掛けになっている。

めずらしくユーモラスな書きっぷりをしているのが、都会に棲息する「吸血鬼」の生態である。ネオンに点滅する小文字のtが十字架に見えてしまう、ハイテクのかたまりのような特注の棺桶で眠りをむさぼる……。お笑いください。じつは、これが『アメリカン・サイコ』のパトリック・ベイトマンに最も近い人物像なのだ。ベイトマンも現代の妖怪として読まれるべきだったということ。これと作者を同一視して非難を浴びせた人々は、いまごろ何を思うやら。そして最後に一言。『インフォーマーズ』では腐乱しているのが若い金持ちエリートだけではなく、その親の世代までおかしくなっているという情報がもたらされる。深刻な病状を伝える家族論でもあるという点は、今回の目立った特徴といえるだろう。

8 電報の怪

教師になって四半世紀を越えた。学生に「うちの母は、先生と高校時代の同級生らしいんです」と聞かされたこともある。大学生が自分の子供でもおかしくない年齢なのだという、計算すればわかりそうなことを、あらためて認識した。

そのくらいの年齢差があると、おかしな発見もある。教室で英語の短篇を読んでいたら、電報を打つ前にメモを書いておこうとする場面にさしかかった。十数名の出席者の中から、教師の意表をつく質問が出た。「どうして初めからキーボードで打たないんですか？」

とっさに質問の趣旨をつかみ損ねるとしたら、すでに中高年ということだろうか。「そりゃまあ、電報だからね」という答えには説得力がない。Eメールとは違って、自分で打つものではないということから説明する必要がある。おぼろげに手動式タイプライターのようなイメージがあって、そういう機械で打つのだろうと考えた学生もいた。

へんに授業が盛り上がり、質疑応答が続いた。ちゃんと字数を計算しないと料金が……電報局というのがあって……知らない？　いや、コンビニみたいな店じゃなくて……もちろん自宅で受信するわけにはいかないから、電報局の人がオートバイで届けに来て……。

このクラスの名誉のために言い添えるが、決して「できない」学生たちではない。読み書きには勘のよい集団である。しかし一人として電報の仕組みを知らなかった。

ある技術が、世代によって新しすぎたり古すぎたりして、ほとんど不思議に思えるのは、むしろ当然かもしれない。アンブローズ・ビアス（Ambrose Bierce, 1842–?1914）の作品に、無線で情報が伝わることを怪奇現象として扱った例がある。

いつぞや校内の廊下を歩いていたら、すぐ背後で「やだぁ、もう」と甘ったるい声がするので、いったい俺が何をしたかと振り返ると、女子学生が携帯電話を耳に当てていた。たしかに怪奇現象のように思えなくもなかった。化かされたのは間違いない。

9 その他の人生

意外な顔をされることもあるのだが、じつは私も大学の教師をしている。2001年の11月から12月にかけて、その頃の勤務先で、翻訳を共通テーマとする4回の連続講演を企画した。横浜の南端にある小さな公立大学の一学科が、お車代どころか電車賃も出せない低予算で催したことなので、ひとえに講師の方々のご好意で成立したというべきだが、みじめな貧乏ぶりとは裏腹に、みごとな陣容がととのった。お話くださった順に敬称略でいえば、岸本佐知子、柴田元幸、野崎歓、小野寺健。

というわけで、小説の翻訳についての耳学問としては、めったにない贅沢三昧をさせていただいた。学生にとって大きな恩恵だったのはもちろんだが、一番おもしろがっていたのは毎回かぶりつきで聞いた私だろう。それぞれの方が個性を発揮されながら、どなたもエンターテーナーとしての才能を発揮されていた（と言っても失礼にはならないと信じる）。

エンターテーナーというのは単なる比喩ではない。それが証拠に、どこかで翻訳とは一種のパフォーマンスであることを伝えるお話になっていた。とくに翻訳家は音楽がお好きと言えるようだ。楽譜を読むようにテキストを読んで、演奏するように訳しておられるらしい。私の想像としては、ああいう講演がライブだとするなら、１冊の本を訳すのはレコーディングのような感覚かもしれない。

ほとんどゼロに近い予算で、これだけの企画が成り立つのだから、大学というところは不思議である。藤岡啓介氏の『翻訳は文化である』（丸善ライブラリー）には、「大学が数多くの翻訳書を世に出すためのありがたい温床になっています」という記述があるけれども、「温床」の語感はさておいて、ともかくも文芸翻訳などという効率のよくない業務への支援機能があることは私も否定しない。

いや、少なくとも私にかぎって言うならば、この温床から養分を吸わせてもらっているおかげで、１年に一度は１粒の実をつける程度に翻訳をつづけている。さらに同書から引用すれば、「教職者としての実績はとくになくても、翻訳者として高く評価されている人たちもいます」。なるほど前半は確実に当たっている。後半についても、「高く」かどうか知らないが「翻訳者として」のみ評価されていることは確かだ。

さて、このへんから論調を変えて大学を裏切る。というのも、この温床、近頃だいぶ冷えてきた。養分がたいして来ないのは、いずこも同じ不況の影響、全体の予算削減のせいだろうが、それよりも土壌そのものがおかしい。まあ、生えてしまった草のほうがおかしい、ここに根をおろすのが間違いだ、と言われればぐうの音も出ない。

とにかく、この土壌では翻訳の実をつける草はあまり働いたことにならないらしい。改革の掛け声が大学にもおよび、何かにつけて自己批判を、いや自己点検をさせられて、履歴書だの業績表だのを書かされる。論文の数が多ければ誉められるが、翻訳などは一番下で「その他」の項目に追いやられる。極端なことを言えば、いま書いている5枚半の雑文も、1000枚を超す長篇の翻訳も（当然のように「あとがき」という勤労奉仕を付加した上で）、もし一覧表に書き込むとすれば、同じく「その他」の一点を増やすのみ。翻訳で成果をあげたくらいでは、野球や駅伝で大学の名前を売るように、学問の本質とは見なされない制度になっている。

と、そんなことを考えていたら、ある日の朝日新聞に、ある医学部教授の意見が引用されていて、これが他人事とは思えなかった。「文部科学省は研究重点主義。大学で偉くなるには研究成果がすべて。臨床はあまり評価の対象にならない」。だから大学病院のサービス機能はよろしくないという趣旨の記事である。なるほど、予算規模は大違いのはずだが、そういう事情は医科も文科も大きな差はないようだ。大学が社会に開かれることを是としながら、一般向けの翻訳よりも誰に向けたのかわからない論文のほうが業績になる。

しかし、と自らを鼓舞するように考える。もし私が死んだら、あとに何が残るのか。大学当局や文部科学省が喜ぶような業績には乏しくとも、翻訳だけは残るだろう。それが訳者の力ではなくて、ただ原作の力によるものだったとしても（本来そうあるべきだが）、その作品が日本の出版物として存在することに手を貸したという事実は残る。少なくとも数千冊、うまくいけば万の単位で世の中にばらまいておくのだから、すべて消滅するまでには私の死後しばらくの時間を要しよう。

いずれの日にか、私の孫として生まれた者が、ぶらっと立ち寄った古本屋で、あれ、おじいちゃんの本がある、と思って手にしてくれたら、「その他」ばかりを営々と増やして骨になった男も、ほんとうに成仏できるだろう。そのための功徳を積むつもりで、もうしばらくは「その他」のために働いて、文学の臨床たる市民サービスに励むとしよう。そのほうがいくらか自分の社会的有用性を意識して生きられる。あと20年、30年。確信犯として、その他の人生。

第V章

過去と現在

このごろ古い作品を訳し直すという企画が増えている。ありがたいことである。私自身の年齢としても、ちょうどよいタイミングで新訳の仕事に恵まれたと思う。もし10年前だったら、はたして引き受けられたかどうか。まあ、自分で言っていれば世話はないという程度の話だが、翻訳商売のよいところは、1冊仕上げるごとに、それだけ経験値が高まって、たとえ発行部数は下がっても、技術的には右肩上がりの感覚を持てることなのだ。あとは体力がどれだけ保つか……。ともあれ、こういう仕事にめぐりあったことを、一つの節目と考えたい。

1 押して、延ばす

ある大学の授業で、宮部みゆき『火車』の英語版テキストを学生たちと（第1章だけだったが）読み進めた。かなり度胸のよい訳者と見えて、ちまちまと細部にこだわることがない。あくまで英語を書くのだという意志の強さに、じつは感心したのだが、そんな内容に関わる話はさておき、おもしろい発見が一つあった。私は「おもしろい」と思っているが、当該の学生にとっては、あまり愉快ではないかもしれない。しかし、決して貶《おとし》める意図で書くのではない。

学期の中間で試験をして、その答案を読んでいくうちに、「宮部訳」とか「もとの英語」とか、まるで英語版が原著であるかのような表現が何度となく出てきた。もちろん軽率である。宮部みゆきを翻訳家だと思っていたのかという驚きもあるだろう。たしかに答案としては大変なミスであり、「このミスがすごい！」と言いたくなるミスだけれども、人間にはどんな勘違いもあるということは認めよう。さもなくば翻訳を仕事にする者として人生をつらくするだけである。

さらに言えば、こんな思い込みに陥る心理がわからなくもないのだ。われわれ日本人は、というほどの大風呂敷は広げないまでも、学校で英語を習った日本人には——もっと特定すれば、いわゆる英文科のような教室で仕込まれた場合にはなおさら――英語の文章は大事にしなければならないという精神がしみ込んでいる。そうでなければいけないのでもある。ただ、唐《から》渡り南蛮渡りの舶来品を尊重する長い歴史もあることで、どうしても「外国のもの」に対しては過度にへりくだった態度をとることがある。ありがたがって仰ぎ見てしまう。英語と日本語と二種のテキストをならべて読んでいて、何となく英語が主《しゅ》で日本語が従であるような錯覚が生じたとしても、個人的偶発的なミスとばかりは言えないような気がする。だが外国語と日本語は（どちらが原典であっても）上下や主従の関係では割りきれないものである。

光文社古典新訳文庫のおかげで、私も思いがけず古い作品を訳す機会に恵まれた。すでにポーとフィッツジェラルドの短篇集を出している。学生時代にはテキストとして出会った。教師になってからテキストとして使ったこともある。だが翻訳する立場で再会すると、ずいぶん印象が違うものだ。ポーもフィッツジェラルドも教科書ではなくなった。ありがたく拝観するだけではなく、手を出して触れている感じがする。いや、案外、押せば動きそうである。しかし古いものだけに、うっかり手を出したら、コテンと倒してしまうかも――。こんなのは錯覚だろうか。だが、手出しできない不動の聖典として崇《あが》めるほうが、よほどに錯覚ではないのか。

よく翻訳について「賞味期限」という用語が使われて、私自身は、いやな言葉だ、と思っているけれども、ときどき誰かが原作を揺り動かして、まだ生きていることを確かめる、という意味ならわからないこともない。古典といわれるほどの作品なら、原語での賞味期限はないだろう。翻訳の場合には、新旧の訳が同等の資格で堆積し、その原作が日本でどう読まれたかという歴史をつくればよいと思う。日本語で読める期間を延ばしてやるという意味でなら、賞味期限という言葉遣いに異存はない。ただし、へたをすると期限を早める恐れもある。

こんなことを考えるようになったのが、私にとっては古典新訳の効果である。昔の書き物が、いまでも生物（いきもの、なまもの）として扱えるとしたら、きっと時空の彼方の原作者にも喜んでもらえよう。……生まれた時代と場所は掛け違えましたが、お書きになったものを私が動かして日本語で書いてみました、と言えるように思う。そして、すぐに付け足しを言う。まあ、以前にも動かした人はいるんですが、動かしようは一通りじゃないだろうと思いましてね。そのうちまた誰かが動かしますよ。ひょっとするとご自身も気づかなかったものが、もとの作品にあったかもしれない。そんなのを引き出したら、ま、そんなことができたらの話ですが、引き出したほうの手柄だと言わせてもらいますよ。そうなればいいんですけどねえ、ほんと。だけど少なくとも日本語で成立する可能性があったなんて、そこまで考えながら書いていたわけではないでしょう？

2 ポーとコーソン

19世紀のアメリカ小説をご存じの読者は、上の標題を見て「ポーとホーソン」の間違いではないかとお考えかもしれない。でも誤植ではない。「コーソン」である。

ポーが作品を書いていたのは、日本式に言えば江戸時代の後期、ほぼ天保から弘化にかけての時期だった。ちょっとだけ嘉永にも及んでいる。「黒猫」は天保14年（1843）8月、フィラデルフィアの週刊紙に載った。それから10年後、日本に黒船が来た。黒い船は来たが、黒い猫は来ない。ようやく来たのは明治20年の11月。2回に分けて読売新聞に掲載されたのが、ポーの作品としては本邦初のお目見えとなった「西洋怪談 黒猫」である。ところがポーの名前はどこにもない。訳者名だけが記された。すなわち饗庭篁村《あえばこうそん》。

明治の翻訳史において、とくに大きな役割を演じた人ではあるまい。それどころか語学はさっぱりできなかったらしい。安政2年（1855）、下谷に生まれた江戸っ子で、旧派の生き残りというべき文人だった。下谷は明治の東京で下谷区《したやく》になり、語学のできない篁村には下訳《したやく》の助手がいたと思われる。

篁村がポーを知った事情については、宮永孝『ポーと日本 その受容の歴史』（彩流社、2000年）という労作から受け売りすることしか私にはできないが、ともかく明治10年前後から、きわめて限られた数の日本人がポーを英文で知るようになり、そうした中から高田早苗、坪内逍遙の二人が、物語の内容を篁村に語って聞かせたことが確かめられている。ただ、そのような大まかな口述だけではなくて、誰かが下訳として書いたものを準備し、それをもとにして篁村が自分の日本語で書き直した可能性が高いとも見られる。

従来、篁村訳の「黒猫」は、翻案にすぎないとも言われた。だが原文と突き合わせてみれば、意外に正確であることにびっくりする。英文和訳の採点をする学校の先生ならば、ずいぶん辛い点数をつけるだろうが、私自身は省略や加筆に対して呑気に構えるほうである。もちろん篁村ほどに勝手なことをする度胸はないけれど、程度の差というだけのことで、現代の翻訳者も多かれ少なかれ原文を変えているはずだ。

私の印象で言うと、さすがの篁村も物語の大筋はあまり変えていない。いわば木の幹が伸びる方向はそのままに、枝葉の繁らせ方、刈り込み方に、個性を発揮しているのではなかろうか。英語特有の、したがって日本語に訳しにくい箇所は、あっさりと切り落として、書きやすい形容句、比喩表現などは、たたみかけるように言葉を重ねている。見た目には漢字だらけの文章だが、語り口調のなめらかさは講談か落語のようである。

やや脱線した話として、じつはポーを訳しながら、話の運びが落語調だと思うこともあった。枕が長くて怪談物の得意な噺家とでも言おうか、まず一般論、抽象論として、世間の通例を話してから、ようやく本題に入っていく。この枕の部分が訳しにくい。篁村は「黒猫」の直後に「ルーモルグの人殺し」も発表しているのだが、ここではデュパンが登場するまでの部分を臆面もなく削除している。そうしたい誘惑に私もどれだけ駆られたことか。

構成として最も落語に近いのは「早すぎた埋葬」だと思う。関連した小話をいくつか披露してから、話の本体があって、ぐっと盛り上げたところで、すとんと落とす。ここまで落とさなくてもよかろうに、と私は思うのだが、落とさずにはいられないほどの恐怖をポー自身が抱えていたのかもしれない。

話を戻そう。篁村の翻訳は、案外おもしろい影響を残したようだ。前田富祺《とみよし》「“黒猫”の言語文化史」（『日本語史研究の課題』武蔵野書院、2001年）によると、古来、日本では黒猫は必ずしも不吉な存在ではなかった。むしろ病気を治す力があると見なされていた。そういう「見方を変えたものとして注目される」のが篁村の翻訳であるという。魔性の黒猫イメージを日本に持ち込んだのは篁村だったという指摘である。

このように評価されたら篁村のためには喜ばしい。だが、かえって疑問を誘うのでもある。はたして篁村は黒猫が魔物だというつもりで訳したのだろうか。そのつもりで「西洋怪談」という呼び方をしたのだろうか。ポーの語り手は、身の破滅を飲酒のせいだと考える。これほどの病はない、節制できない酒が魔物なのだ、というのが少なくとも本人の釈明である。その病弊が甚だしいから、良心の権化たる黒猫が介入したのではなかったか。怪奇な形象にとらわれて「猫＝魔物」の図式で訳してしまったとするならば、これは減点材料になるだろう。

明治26年、篁村の向こうを張って、より原文を尊重した「黒猫」が出た。訳者は内田魯庵《ろあん》。この人も下谷の生まれだが、下訳は使っていない。一人で読んで訳したという意味では、これが1匹目の猫である。篁村では「私」だった語り手が、魯庵では「余」になって、まるで漢文を読み下したようなリズム感で書いている。誤訳がないわけではないが、篁村にくらべれば、まずまず原文に寄り添ったものだ。語り手の心理に関する部分も、きっちり省略せずに訳している。また文体が重々しいせいもあって、篁村訳よりは恐怖が内面化して感じられる。ほぼ独学だったという魯庵の英語は、相当のレベルにあったのだろう。いや、慶応が明治になる直前に生まれたのだから、訳した当時は20代半ばではないか。これはすごい。

この魯庵はもちろん、篁村の下訳者にしても、かなりの読解力があったことは間違いない。どんな辞書を使ったのだろう。ろくな資料もない時代に、よくぞここまで、と思っただけで、もう私には明治人の誤訳をあげつらう気持ちはなくなる。この人たちの系譜に連なる仕事を自分でもしたのか、今度の猫は21世紀の1匹目ではないのか、と思うと泣きたくなるほどうれしい。にゃーお。

第Ⅵ章

古典新訳練習帳

古典新訳という動きが出版界に広がったのは、翻訳者にとって幸福なことである。とうに掘りつくされたと思っていた宝の山が復活して、いまからまた掘ってもよろしいというお墨付きが出たようなものだ。後発組も採掘事業に参入できる！

あとは乱開発に用心しなければならない。へたな掘り方をしたら、せっかくの宝を傷めてしまう。また、先に行って掘っていた人たちに対して、どういう立場をとるかという悩ましい問題もある。パイオニアへの敬意は失いたくない。さりとて、どこかで先発組を乗り越えなければ、あとから似たようなものを出すことに意味はない。

さまざまな訳が同じ資格で堆積して、その作品を理解する伝統になる、というように筆者は考えたいのだが、もし新訳がどこをどう見ても旧訳より劣っているとしたら（もし、そんなことがあり得るなら）あとから堆積する資格はないと覚悟するべきだろう。

この章では、あえて旧訳への疑問がある箇所を取り上げて、この筆者なりの修正案を示したい。けっして誤訳の摘発という趣旨ではなく、もとの文章をどう読んで、どのように演出したくなったかという話である。それでも、気の弱い筆者としては、同業者との摩擦を最小限にとどめるため、なるべく古い時代の翻訳を比較対象にする。（余談ながら、あまり我の強い人は翻訳に向かないのではないかとも思っている。どう演出するとしても、あくまで原文を大事にしたいから、という動機に基づいていなければならない。原作よりも演出が目立つのは好ましいことではない。）

1 古典新訳「ウィリアム・ウィルソン」

まず「ウィリアム・ウィルソン」という短篇から、最後の山場となる部分を見る。語り手の「私」は、わがまま放題に育った男で、人を出し抜くことを好む。だが非行に走ろうとすると、そのたびに邪魔をするライバルがいる。名前も誕生日も同じという影のような人物だ。ある日、仮面舞踏会の広間で、ついに邪魔な影を殺そうと決めた「私」は、ウィルソンを小さな部屋へ連れ込み、むりやり決闘を挑んで、剣で刺す。ちょうどそのとき誰かが部屋へ入ろうとする動きがあった。下の引用文は、そういうタイミングに置かれている。

At that instant some person tried the latch of the door. I hastened to prevent an intrusion, and then immediately returned to my dying antagonist. (Edgar Allan Poe, "William Wilson")

この作品を訳した最初の人は、おそらく谷崎精二だろう。潤一郎の弟で、早稲田大学教授。大正から昭和にかけてポーを訳し続けた。また、昭和初期の短期間に集中してポーを訳した佐々木直次郎という人がいる。さらに昭和後半から中野好夫。この３例を用意して、便宜上、それぞれ①②③と番号をつける。

①その瞬間だれか鐶《かきがね》をかちかちさせるものがあったので、私は急いで外から闖入してくる人を防いでおいて、またすぐ死に瀕《ひん》しつつあるわが敵のもとへ戻った。（谷崎精二）

②その瞬間、誰かが扉の挿錠《さしじよう》をがちゃがちゃさせた。私は急いで誰でも外から入って来られないようにして、それからまたすぐその瀕死《ひんし》の敵手のところへとひき返した。（佐々木直次郎）

③ちょうどその時、誰か扉の插錠《さしじょう》を開ける音がした。僕は大急ぎで闖入者を防ぎ止めると、すぐもう一度瀕死の相手のそばへ帰ってきた。（中野好夫）

ここで論点を明確にするために、一つの仮定を考える。もし映画化ないし舞台化の計画があって、その演出を依頼されたとするならば、上の場面に何人の俳優を起用するだろうか。言い換えると、客席からは何人の役者が見えなければならないか。

筆者の直感では二人である。そのように原文を読んだ。ともかく決闘中の二人しか脳内スクリーンに浮かんでいなかったので、ほかの訳者による演出法には、おおいに違和感を覚えた。訳者によって役者が違う（つまらないダジャレです）。①と③では明らかに３人目の役者が見えている。ドアを入ろうとした人物が、少なくとも体半分くらいは客席からも見えるだろう。

その点、②は曖昧だ。はっきりしたイメージが浮かばない。二人説の筆者としては、当然ながら三人説の①と③には反対なのだが、それよりも②に対して反発する。全体に佐々木訳は英文和訳の答案のようなもので、単語レベルの対応関係で破綻が少ないことと引き替えに、作品を語り直そうとする意志には欠けている。

さて、いずれにしても、人物の数まで見方が分かれるのだとしたら、ここは直感だけでは通れない。とんでもない危険地帯のようである。もう一度、原文に戻って考えるしかない。もちろん、どうしたら原文が生きるのか、というのが考えどころであって、その目標に合わなければ、いつでも自説を引っ込めるつもりである。

この場面に最も大切なのは何か。筆者ならスピード感だと答える。結局、ドアの外にやって来た誰かは、物語を進めるための仕掛けでしかない。ついにウィルソンを刺した現場で、一瞬、「私」の目がドアに向かう必要があるだけだ。その一瞬のうちに、刺されたウィルソンの様相が一変して、また振り返った「私」に立ち向かい、予言めいた最期の言葉を発して物語が終わる。この急展開を止めてはいけない。もたついた感じは絶対に避けなければならない。

つまり、演出上の要請として、やって来た人物と「私」に、手間のかかる交渉があってはまずい。こんな第三者を部屋の中に入れたくない。そもそも、もし殺人現場を見られたら、その目撃者に素直にお引き取り願えるだろうか。緊張した山場で、そういう無用の疑念を読者に起こさせてよいはずがない。さきほどの仮定の続きだが、もし舞台での芝居だとしたらどうだろう。人殺しを目撃して、こりゃまた失礼いたしました、と去っていく……。もはや恐怖も緊張もぶちこわしで、笑いをとる場面になるのではないか。

と、そんなことを考えていて、ようやく気がついた。ふたたび原文の引用をご覧いただきたいのだが、問題は “tried the latch of the door” の読み方にあるのだった。それによって、掛金《かけがね》（latch）がドアのどちら側にあるのかという舞台装置の設定が決まる。過去の訳者はドアの外側に latch をつけたようだ。筆者はドアの内側につけるしかないと思っている。

むずかしい理屈ではない。「私」とウィルソンの二人がいた部屋の外から、第三の人物が近づいた。おそらく latch は掛かっていたのだろう。さもなくば try するまでもなく、ドアを開ければすむことだ。もちろん「かちかち」「がちゃがちゃ」させるとしたら、それだけ固く締まっていたということになる。③だけは、すんなりと開いたらしい。

だが、もうお察しかもしれないが、①②③ともに、そういう訳が成り立つためには、二人だけの部屋の外から latch が掛けられていたという条件が必要になる。いったい誰が掛けたのか。室内の二人にできるわけがないことは自明である。

つまり、latch はドアの内側にあって、「私」が（たとえ無意識にでも）部屋に入ってから掛けたと想定するのが妥当だ。そこへ外から誰かが来た。原文の “prevent an intrusion” という行動は、誰も入らせまいとした防衛策には違いないが、とくに押し問答をするまでもなく、latch が掛かっていることの確認だけで間に合ったはずである。だから “immediately” に振り向くことができる。芝居はテンポを落とさずに進む。

外からの “tried the latch” という行動は、必ずしも latch

に手をふれたことを意味しない。第三者が接触したのはドアの取っ手でしかないだろう。内側の latch が効いているかどうか、外から試したということだ。

そんなわけで、筆者の訳は次のようになっている。これで辻褄が合うと思う。

このとき、外からドアを開けるような気配があった。私は大急ぎで掛金を確かめ、ただちに瀕死の敵に向き直った。（ポー『黒猫／モルグ街の殺人』光文社古典新訳文庫、2006）

2 古典新訳「早すぎた埋葬」

では次に、同じくポーの「早すぎた埋葬」という短篇からの例によって、過去の翻訳への疑義を呈する。またしても人様の仕事にケチをつけておいて、そこを自分ではどうしたかという話になるので、いやらしい論法のように聞こえるかもしれないが、どんな業界でも何十年かたてば水準が上がってくるほうが自然なのであって、遠い昔の訳を検証すれば批判すべき余地があることは間違いないと思う。傑出した個々の例外は別として、翻訳界全体の水準としては、確実に「過去」よりも「現在」に分があろう。過去の訳を見ていると、いまからでは出版社に持ち込んでも相手にされないだろうと思えるものがある。それほど甘くはない。また、辞書が発達し、ネット検索ができて、パソコンの大画面で何度も書き直せる、という条件を考えれば、現在が過去に負けてはいけないのだとも思う。もし負けたら、ほんとうに惨めである。

ここでも筆者は昔の例を３つ手元に置いている。谷崎、佐々木のほか、昭和代表として田中西二郎にお出ましを願おう。だが煩雑を避けるために、そっくり引用するのは一つだけにする。どれを引いても大差はないという理由もある。

「早すぎた埋葬」は、まだ生きているのに死んだと誤解されて埋められることの恐怖を語った作品だ。語り手はいくつかの類例を紹介してから自身の経験へと移るのだが、ここで引用するのは、さる名士の夫人が埋葬された例である。原文と田中訳を引く。なお文頭の“One”は one instance であることが、直前の文でわかっている。

One of very remarkable character, and of which the circumstances may be fresh in the memory of some of my readers, occurred, not very long ago, in the neighboring city of Baltimore, where it occasioned a painful, intense, and widely extended excitement. (Poe, “The Premature Burial”)

読者の中には、まだその事情を生々《なまなま》しく記憶しておられる方々もあろうが、まことに驚くべき特色を持った一つの例が、比較的最近、ボルティモアに近い、ある町で起こり、この町の広範囲の人々の間に、苦痛な、激しい驚愕《きょうがく》を惹き起こした。（田中西二郎）

まず目立つのは、“the neighboring city of Baltimore” の処理である。じつは谷崎、佐々木も同様なのだが、ここは修正せざるを得ない。「ボルティモアの隣町」という日本語で考えたのかもしれないが、受験生にもありがちなミスである。語り手がいる場所から見ての隣町がボルティモアだと考えなければならない。もし形容詞が neighboring ではなくて、たとえば beautiful でもあったなら、こんな誤読はしなかったのではないか。もちろん the beautiful city of Baltimore は「ボルティモアという美しい町」である。

だが、いかなる名選手も、たまにはエラーをする。一つや二つの間違いを取り上げて、それだけで判断するのはよくない。原典からのパフォーマンスという意味で音楽の演奏とくらべてもよいが、絶対にミスをしないオーケストラと、音楽をうまく聴かせるオーケストラと、どちらが優秀なのだろう。ミスは少ないほうがよい。皆無なら理想的だ。しかし、どこかで一つ鳴った音よりは、全体に響かせるサウンドで判断するべきではなかろうか。

筆者が過去の訳を批判したいのは、そのサウンドにおいてである。三者とも、ぎくしゃくしたリズムで、響きが悪い。現代の翻訳者だったら、引用した原文をどこかで切ろうと考えるはずだ。とくに必要がないかぎり、無理に一文のままで訳すまでもないということは、翻訳術のイロハと言ってよい。たくさんの情報を詰め込んで、なお流れのよい日本語を書くのは、そう簡単にできることではない。

やや話はそれるが、文法構造として英語のほうが長文は得意だろう。構文自体が意味を解釈する道案内をしてくれる。一つの文が長くなった場合に、読者が道に迷ったように感じる危険率は、日本語のほうが高いのではないか。文脈にものを言わせる日本語では、構文で意味を伝えることが難しい。（たとえば、「パンダは笹を食べる」と「北京ダックは皮を食べる」を文型だけで区別できるだろうか。逆に言うと、文脈づくりに気をつければ、構造がゆるくても、なんとなく通じる文になる。）

読者が道に迷ったような感じ、と筆者が呼んでいるものについて、さきほどの訳文から例を拾っておこう。まず１行目で「その事情」と言っている。「その」とは何のことだっけ、と読者は思う。我慢しながら２～３行目の「一つの例」まで行けば、その例についての事情だったのかとわかる。ここまで読者は待たされて、宙ぶらりんの状態に置かれていた。こういうわからなさを押しつけることが、従来の翻訳文には多すぎたのではないか。そのために、いつしか読者の鬱憤が積もりつもって、翻訳小説は読みにくいという不幸な先入観ができてしまったのではないか。そろそろ、こんな観念は一掃したいものである。

英語ではこんな宙ぶらりん現象は起こらない。文頭でOneという主語が提示され、それに関わるものとして“of which the circumstances”が置かれる。関係詞 (of which) と定冠詞 (the) が威力を発揮するから、「その例についての事情」であることは無理なく了解される。主語のOneのあとで、動詞のoccurredが来るまでに、たしかに待たされる感じはあるけれども、わからない感じにはならない。主語への修飾部分を読みながらも、どうせこの次に述語が来るのだと思っていられる。それが英語の構文のお約束だ。動詞のあとには“not very long ago”があって、前後に句点がついている。ややシンコペーションをかけたようなリズム感にはなるものの、これまた意味がわからないことはない。そしてBaltimoreが来て、その町でどうなったかという話に続く。つまり、読みながら、その順序でわかっていける構文なのである。

なるべくなら、この順序を生かして訳したいものだ。日本語の都合で前後を入れ替えることはあるとしても、だからといって理解しづらくしてはいけない。順序を入れ替えるのは、理解しやすくするために必要な場合のみである。そして順序を変えないための工作として、一つの文を切って訳すことを考える。このへんで筆者の訳をお目にかけると、まず瞠目《どうもく》の例を一つ。これについては記憶に新しい読者もあろう。さほど昔のことではない。すぐ隣のボルティモア市で、痛恨事として知れ渡ったものである。

ご覧のとおりで、情報が出てきた順番に書いているだけのことだ。かえって安直かもしれない。また必ずしも単語の対応を気にしていないこともおわかりいただけよう。訳語をあてる、という考え方を筆者は嫌っている。いま４つの文に分けたが、それほどブツ切りの感じにはならないこともわかっていただけるだろうか。最初の短い文は体言で止めた。好みによっては「挙げる」「述べる」などを足すこともあろう。体言止めを毛嫌いする人もいるようだが、たまには悪くない。リズム感で決めればよいと思う。

この引用の直後にも、訳者による演出という観点からおもしろい箇所がある。ふたたびポーの原文と田中訳を示す。

The lady was deposited in her family vault, which, for three subsequent years, was undisturbed. At the expiration of this term, it was opened for the reception of a sarcophagus; —but, alas! how fearful a shock awaited the husband, who, personally, threw open the door. As its portals swung outwardly back, some white-apparelled object fell rattling within his arms. It was the skeleton of his wife in her yet unmoulded shroud.

夫人はその家の納骨室に安置され、その後三年間、納骨室の平安を乱す者はなかった。この三年という期間が過ぎると、石棺に入れるために、納骨室は開かれた――だが、ああなんという恐ろしい驚愕が、その夫を待ち受けていたことか！　かれは自分で扉を押し開いた。扉が外側に大きく開け放たれると、なにか白い衣装を纏《まと》ったものが、からからと音を立てて、かれの腕の中に崩れ落ちて来た。それは、まだ朽ちていない経帷子《きょうかたびら》に包まれた、妻の骸骨だったのだ。

おおよその見当はつくだろうが、棺に寝かされた夫人は、family vaultという空間（田中訳だと納骨室）に安置された。ところが息を吹き返して、棺からは出たものの、外界へ出る扉は開かなかった。この扉の内側で息絶えたと思われるが、扉の金具に衣装が引っかかり、立ったままの死体となって三年がすぎた。その扉を開けたものだから骸骨が倒れてきた、というのが種明かしになる。

作品全体の中では、あくまで導入部のエピソードにすぎないが、なかなか印象的な場面だろう。この映像性をどれだけ生かせるか、訳者としてはチャンスでもありピンチでもある。また、おもしろい話を聞かせる任務があるのだから、もし語りのテンポが落ちたら、読者はもどかしく思うだろう。こういうところは講釈師になった気分で、見てきたように訳せばよい。

上の訳文には、いくつかの疑問がある。まず2行目の「石棺に入れるために」がわからない。石棺に何を入れるというのだろう。三年後に夫人を石棺に入れようと考えたのか（もとの棺が木製だったことは、前後の文脈からわかる）。だが、もし「石棺を」の誤植でないとすれば、失礼ながら、この訳者は

“the reception of a sarcophagus” がまったく読めていなかった。この点では、先行する谷崎、佐々木が「一つの石棺を入れるため」と正しく解釈している。

それよりもなお疑問なのは、3行目「自分で扉を押し開いた」の箇所だ。「自分で」は悪くないと思うが、もとは “personally” である。裕福な家だから使用人に命ずることもできたろうに、あえて「自分で」開いた。そこまではわかる。どうせなら person の身体性を生かしたらどうか。みずから扉に手をかけた、と言ってしまえばよい。この男が扉の前に立っている印象が強まる。

いや、いま文句を言いたいのは、「扉を押し開いた」ことだ。なぜ「押し」なのか。ポーは “threw open the door” と書いた。ちなみに谷崎は「その扉を投げ開《あ》けた」、佐々木は「その扉をさっと開いた」。表現上の好みはさておいて、扉を勢いよく開けたことに異論はない。またポーは “its portals swung outwardly back” とも書いている。これを谷崎は「扉が外へ揺《ゆ》れた」、佐々木は「門が外側へまわった」と受けとめる。

谷崎と佐々木はイメージづくりが曖昧で、それだけに間違っているのかいないのかもわからない。田中は扉が動いた方向を書こうとするのはよいが、押し開いておきながら、「外側に大きく開け放たれる」とも言うのだから、どっちへ動いたのかわからない。それに（最も大事なことかもしれないが）、もし扉を押したら、その瞬間に、骸骨は奥へひっくり返ったのではなかろうか。

また、door は単数だが、なお portals と複数にもなっている。これは訳者にとって大助かりだ。利用しない手はない。

この二つの単語は同じ意味で使うこともあろうが、ここでは違っていて（だからこそ単数と複数に分かれるので）、door は「ドア」そのものではなく、「出入りのための空間（通路）」とでも言うべき doorway のことだろう。いわゆる「ドア」（空間を閉じることのできる板状の装置）を、portals という単語が引き受けている。

つまり、この家の主人たる男は、みずからの手で墓所内への通路を開こうとして、複数の扉に手をかけた。となれば、まず間違いなく、扉は観音開きだったろう。少なくとも、そのように考えて誤訳にはならない。これでイメージがはっきりする。腕を左右に広げた男が、まさに骸骨と正面から抱き合わせになったのだ。筆者の訳は次のとおり。

遺体は地下の墓所に葬られ、静かな時が流れた。三年後に、新しく石棺を入れることになって、墓所の扉が開けられた。すると、扉に手をかけた夫を待ちかまえていたのは、いかなる恐怖の衝撃であったろうか。両開きの戸が引かれると、何やら白く装ったものが、夫の腕の中へがたがたと倒れ込んできた。妻の骸骨だ。死装束《しにしょうぞく》は腐っていなかった。

3 古典新訳「黒猫」

では最後に、あまり人の悪口を言わずにすむことを述べよう。後味の悪さを減らす口直し——というわりには殺伐とした話題だが、よく知られた「黒猫」からの一場面で、階段を降りようとした足元に猫がまとわりつき、怒った「私」が猫を殺そうとして、妻に止められる。まず原文を示す。

Uplifting an axe, and forgetting, in my wrath, the childish dread which had hitherto stayed my hand, I aimed a blow at the animal which, of course, would have proved instantly fatal had it descended as I wished. But this blow was arrested by the hand of my wife. (Poe, "The Black Cat")

ここではもう大正や昭和の翻訳を比較材料として使うことをやめて、もっと気楽に明治の訳をおもしろがることにする。ポーの作品としては最も早く訳されたのが「黒猫」だった。第1号は、明治20年、読売新聞に掲載された饗庭《あえば》篁村《こうそん》の訳である。[※第V章を参照。]

すぐに訳文を示すかわりに、念のため構文を確認しておこう。文頭の Uplifting an axe, それに続く forgetting ... the childish dread で、いわゆる分詞構文として出発し、I aimed a blow が肝心の主語と述語、その blow には関係詞の which がつながり、had it descended の倒置によって条件の意味を出す、というところで高校生の読者にもおわかりいただけるだろうか。たしかに現代英語にくらべれば、いくらか厄介な文章かもしれないが、初出は 1843 年、日本式に言えば天保 14 年である。江戸時代の日本語を読むのとどっちが大変か、一概には言えないと思う。

さて、この引用部分を、明治の作家がどう訳したかというと、

> 劇《はげ》しき怒り一時《いツとき》に出て（怖れも忘れ）傍《かたは》らに在りし手斧《てをの》を取るよりも早く猫を両段《ふたまた》に仕《し》やうと打下すのを妻《さい》が止めた。（饗庭篁村「西洋怪談 黒猫」）

もとの英語に対して、たったこれだけ。手斧の勢いすさまじく、関係詞も倒置構文も吹っ飛んだ。おう、江戸っ子でぇ、気が短けえや、と言いたいところだが、簡潔を尊ぶ訳なのかどうかはあやしい。勝手に補う日本語を、ぽんぽん並べたてる傾向も強いのだ。いまの箇所の直前でも、地下室への階段で転びそうになっただけなのに、なぜか「麦酒《びいる》の樽」に転げかかったことになっている。しかし、このデタラメ訳が案外おもしろい。暴論と言われればそれまでだが、どの単語にも何かの訳語をあてる作業に汲々として、ぎくしゃくした流れの悪い訳文に終わる逐語訳タイプよりは、大胆な省略と加筆から来る名調子に、筆者は肩入れしたくなる。

しかし、篁村が英語の読めない人だったことは、すでに書

いたとおり。まわりにいた誰かが英語から訳して、それを篁村が日本語で書き直したのだろう。なにしろ原文を知らないのだから、英語にとらわれることなく、自身が持っている日本語の口調で書けたのかもしれない。いまだ翻訳調なるものができあがらない時代でもあった。もちろん、こんな明治の方法に、いまさら戻れるはずもないが、みずからが語り役を務めるという意識は、現代の翻訳者にもあってよい。原文を読む役目を果たすからこそ、語り役にもなれるだろう。日本語を書かなかった原作者になりかわり、日本語担当のゴーストライターとして語り直す。英和辞典から訳語を拾ってくるだけの取次ぎ役ではない。

語ろうとする気持ちになると、上の引用には、一つ悩ましいことがある。もし翻訳が言葉の置き換えだけの作業なら、uplift を「振り上げる」と書くだけで、現実には用が足りるかもしれない。だが、もしポーの代役として、ここまで語ってきたとするならば、斧（axe）について迷わないだろうか。ポーの頭の中にあった「私」は、もともと斧を持って階段を降りたのか、そのへんにある斧を手にとったのか。（いや、原稿の締め切りに追われていたら、そんな呑気なことを言っていられまい、という声も聞こえそうだ。正直なところ、ただ「振り上げる」と書いておしまいにすれば仕事は早い。）

とにかく、持っていたのかいないのか、普通は二つに一つだろう。いつのまにか手にしていたという夢の中にありそうな設定も、場合によってはなくもない。ポーはどういうつもりだったのか。「黒猫」には、ほかに２箇所、道具を使って何かをする場面がある。猫の片目を刃物でえぐるときは、上着のポケットからペンナイフを取り出すことになっているし、捜査に来た警官に杖で壁をたたいてみせる最後の場面では、その杖は手に持っていたものとして、道具の由来が指定される。そうであれば訳していて（語っていて）何の無理も感じない。だが斧はどこから出てきたか。

その意味では、原文を見なかった篁村が「傍《かたは》らに在りし手斧《てをの》」と書いたのが興味深い。成り行きとしては自然な気がする。筆者の知るかぎり、篁村以後の翻訳者は、自分で英語を読んでいるだけに、とくに色づけをしていない。唯一、富士川義之氏が「斧を持ち上げる」として、この場で手にしたことを匂わせる。筆者も「この場」説に傾いているが、篁村ほどの度胸はないので、次のように落ち着いた。

> 斧をつかんで振り上げる。これまでは猫に対する子供じみた恐怖心のために、どうにも手を出しかねていたのだが、もう腹立ちまぎれで容赦はない。もちろん、そのまま振り下ろしていれば、斧の一撃で猫はひとたまりもなかったろう。だが妻の手に邪魔をされた。

これで怒った語り手は、妻を殺してしまう。だが、この殺人事件については、確実な証拠をつかむ実感がない。さきほど「ウィリアム・ウィルソン」の例で行なった現場検証では、ドアに対する latch の位置が決め手になった。今回は判断材料に乏しい。たしかに uplifting an axe として、axe に不定冠詞がついているところは、この場で拾ったことを直感させるかもしれないが、もともと手にしていた可能性を排除するまでの力はあるまい（いきなり the axe だったら、かえって判断に苦しむ）。ひょっとするとポーはわざと現場を曖昧にしているのではないか。なにしろ脳天に斧をたたき込んだのだから、すさまじい描写があってもよさそうなのに、声もなく即死する（She fell dead upon the spot, without a groan）ことにして、あっさりと次の局面へ移行する。となれば訳者としても、しばらくは映像と音声の効果を我慢して、最後に壁の中から死体が出現する山場で思いきり彩度と音量を上げるとしよう。

こんな読み方を覚えたことが、筆者にはポーを訳した成果だった。テキストを推理ゲームのように読みなさいと教わった気がする。うまく手がかりを生かしながら、ほんとうは何があった現場なのかを再現する。もはや作家の文章は聖典ではなく、手を出してプレーすべき楽譜のようなものだ。作者と奏者の間には、ある種の対話（ないし腹のさぐり合い）さえあり得よう。そんなバカな、妄想だ、と思ってしまったら、昔ながらの棒読みのような翻訳調を抜けられない。もちろん勝手な読み込みはいけないが、乗りの悪い演奏が最悪であることを忘れたくない。

Edgar Allan Poe

あとがき

翻訳仕事を引き受けるようになってから、かれこれ20年になる。まだまだ20年と言うべきか。せめてあと20年くらいは現役でいたいものだ。ともあれ、この本ができたおかげで、ちょうど道の半ばにさしかかって一度振り返り、自分の記録を整理する機会になった。過去20年を二つに分ければ、『さゆり』という芸者の小説が境目になっている。いわば、それまでが訳者としての舞妓時代だった。以来、翻訳作品とは原作から一本立ちした創作物であってよい、という感覚が強まった。原作と対立してはいけないが、並立するべきものであって、従属するのではない。

この本に書いたことは、すべて筆者個人の考えである。理論の裏付けがあるわけではない。とくに翻訳の勉強はしていないと「まえがき」にも書いた。それを修正する必要はない。ただし、いくらか追加することはできる。つまり、ある意味では、そういう訓練をしてきたのだと、いまになってみればわかる。

翻訳を始める数年前から学校の教師をしていた。それが授業と翻訳の二足の草鞋になって現在にいたる。私事で恐縮ながら、2008年3月までは横浜市立大学に勤めて、翌年度から東京工業大学に移った。本書中では何度か、教室で拾った話のタネを使っているが、いずれも横浜市大での学内風景である。私が翻訳仕事にのめり込むにつれて、授業も翻訳教室の色彩を強めた。地味な繰り返しだったと思うが、おもしろがってくれた歴代の出席者に、あらためて感謝したい。おかげで私自身が読解の基礎練習を続けることができた。こうして１冊の本にまとまると、市大時代の記念アルバムのような感がある。

しかし、のんびりした翻訳の授業などは、もはや絶滅寸前の少数派かもしれない。実用重視の風潮にあって、いかにも旗色が悪い。このままでは文芸翻訳が後継者の足りない伝統工芸のようになるかもしれないという危惧を抱いたりもするのだが、結局、翻訳は誰に教わるというものではない、と自分自身が思っているのだから、べつに大学で教えなくても、どこかの誰かが自己流で育っていくだろう。小説の翻訳は、無免許・無認可の事業である。検定試験で点数を出せるような分野ではない。

ただ、自己流とは言いながら、自身以外に、どうしても欠かせない要素がある。編集者の存在だ。いままでに何人もの方々と組んで仕事をしてきたが、そういう編集者と組んだからこういう翻訳者になったのだ、ということは言える。もし翻訳に秘密があるとしたら、一つ大事な秘密として、編集者との関係を挙げなければならない。翻訳を志望する人には、一般受けをねらわずに、編集者受けをねらえ、と言いたい。編集者に鍛えてもらっていると意識するくらいでよい。仕事をまわしてくれるのも編集者だ。

ともかく原稿を渡してゲラにしてもらえたら、まず第一関門を突破。それからゲラをはさんでの攻防がある。このときには納得のいかない憤懣をかかえるかもしれないが、相手はプロだ。しかも、ほかの訳者の仕事ぶりを知っている。こっちは自分の流儀しか知らない。こちらの言い分を通すなら、それなりの根拠を用意する必要はあろう。その根拠は原文の中にさがすこと。自分勝手な「常識」を振りまわしてはいけない。翻訳にあって意見の対立を解決する最大の基準は、原文にどう書いてあったのかということだ。それ以外の事情を押しつけられることがあまりに多いと感じたら、そのときに初めて編集部の姿勢を疑うとよい。

だが疑ったからといって、すぐに決裂するとはかぎらない。こっちもプロだ。いったん引き受けた仕事を途中で放り出したら、看板に傷がつく。ちょっとやそっとでは傷まない大看板だという自信があればよかろうが、たいていの訳者にとって、一つの仕事は、その一つだけでは終わらない。1冊仕上げるごとに実績となって、次の注文が来るのである。また、仕上げた1冊は、たとえ少部数であっても、誰かが見ていてくれるものだ。もちろん、編集者にうまく助けられたと感じるときは、じつに快適な日々が過ごせる。気心が知れてくるにつれ、反対意見もすんなり耳に入ってくる。

さて、もうこのへんで筆を擱《お》こう。あまり調子に乗って書きすぎると、自分の首を絞めるかもしれない。まだ何年も働くつもりだとしたら、大きな口をたたかないほうが無難だ。翻訳について語ることは、翻訳者の本業ではない。

最後になりましたが、この20年、私と組んでくださった各社の編集部の皆様に、お礼を申し上げます。これからもどうぞよろしく。また、この筆者の過去の原稿をかき集めれば

１冊の本になると発案してくださった研究社の金子靖さんに、大きな感謝を。

2009 年 2 月 18 日

小川高義

著者翻訳書リスト

※2009年2月18日現在

ロビン・ヘムリー『食べ放題』（白水社、1989年11月、239ページ）[Robin Hemley, *All You Can Eat*]

ポール・ラドニック『これいただくわ』（白水社、1990年7月、374ページ）[Paul Rudnick, *I'll Take It*]

デイヴィッド・フェルドマン『「バタフライ」が蝶になったわけ——英語語源雑学読本』（朝日出版社、1990年7月、220ページ）[David Feldman, *Who Put the Butter in Butterfly?*]

ロヒントン・ミストリー『ボンベイの不思議なアパート』（文藝春秋、1991年7月、365ページ）[Rohinton Mistry, *Tales from Firozsha Baag*]

ジョン・レオ『ロシア人はいかにして野球を発明したか』（白水社、1991年12月、194ページ）[John Leo, *How the Russians Invented Baseball*]

ウィリアム・キトリッジ『三十四回の冬』（中央公論社、1992年6月、206ページ）[William Kittredge, *We Are Not in This Together*]

ブレット・イーストン・エリス『アメリカン・サイコ』（角川書店、1992年12月、472ページ、角川文庫、1995年2月、上336ページ、下352ページ）[Bret Easton Ellis, *American Psycho*]

ロバート・シャパード、ジェームズ・トーマス編『SUDDEN FICTION—超短編小説70』（村上春樹と共訳、文春文庫、1994年1月、569ページ）[Robert Shapard & James Thomas, eds., *Sudden Fiction*]

ポール・セロー『わが秘めたる人生』（文藝春秋、1995 年 3 月、542 ページ）[Paul Theroux, *My Secret History*]

ピーター・ケアリー『イリワッカー』（上）（下）（白水社、1995 年 10 月、上 361 ページ、下 370 ページ）[Peter Carey, *Illywhacker*]

レイ・ブラッドベリ『ブラッドベリはどこへ行く――未来の回廊』（晶文社、1996 年 6 月、299 ページ）[Ray Bradbury, *Yestermorrow*]

レイ・ブラッドベリ『ブラッドベリがやってくる――小説の愉快』（晶文社、1996 年 6 月、190 ページ）[Ray Bradbury, *Zen in the Art of Writing*]

ロヒントン・ミストリー『かくも長き旅』（文藝春秋、1996 年 9 月、510 ページ）[Rohinton Mistry, *Such a Long Journey*]

ブレット・イーストン・エリス『インフォーマーズ』（角川書店、1997 年 1 月、286 ページ）[Bret Easton Ellis, *The Informers*]

フェイ・ミエン・イン『骨』（文藝春秋、1997 年 4 月、253 ページ）[Fae Myenne Ng, *Bone*]

ダイアン・チェンバレン『エスケープ・ベイビー』（文春文庫、1998 年 5 月、445 ページ）[Diane Chamberlain, *The Escape Artist*]

ジョン・アーヴィング『ピギー・スニードを救う話』（新潮社、1999 年 8 月、254 ページ、新潮文庫、2007 年 9 月、320 ページ）[John Irving, *Trying to Save Piggy Sneed*]

アーサー・ゴールデン『さゆり』（上）（下）（文藝春秋、1999 年 11 月、上 334 ページ、下 313 ページ、文春文庫、2004 年 12 月、上 368 ページ、下 352 ページ）[Arthur Golden, *Memoirs of a Geisha*]

ジュンパ・ラヒリ『停電の夜に』（新潮社、2000 年 8 月、267 ページ、新潮文庫、2003 年 3 月、336 ページ）[Jhumpa Lahiri, *Interpreter of Maladies*]

マイケル・オンダーチェ『アニルの亡霊』（新潮社、2001年10月、348ページ）[Michael Ondaatje, *Anil's Ghost*]

ジョン・アーヴィング『第四の手』（新潮社、2002年7月、395ページ）[John Irving, *The Fourth Hand*]

デニス・ボック『灰の庭』（河出書房新社、2003年4月、331ページ）[Dennis Bock, *The Ash Garden*]

ダニエル・メイソン『調律師の恋』（角川書店、2003年8月、415ページ）[Daniel Mason, *The Piano Tuner*]

ジュンパ・ラヒリ『その名にちなんで』（新潮社、2004年7月、350ページ、新潮文庫、2007年11月、480ページ）[Jhumpa Lahiri, *The Namesake*]

キャロリン・パークハースト『バベルの犬』（角川書店、2004年10月、287ページ）[Carolyn Parkhurst, *The Dogs of Babel*]

スー・モンク・キッド『リリィ、はちみつ色の夏』（世界文化社、2005年7月、381ページ）[Sue Monk Kidd, *The Secret Life of Bees*]

ジャネット・ウィンターソン『永遠を背負う男』（角川書店、2005年11月、151ページ）[Jeanette Winterson, *Weight*]

エドガー・アラン・ポー『黒猫／モルグ街の殺人』（光文社古典新訳文庫、2006年10月、219ページ）

ジョン・アーヴィング『また会う日まで』（上）（下）（新潮社、2007年10月、上566ページ、下550ページ）[John Irving, *Until I Find You*]

ジュンパ・ラヒリ『見知らぬ場所』（新潮社、2008年8月、415ページ）[Jhumpa Lahiri, *Unaccustomed Earth*]

F. スコット・フィッツジェラルド『若者はみな悲しい』（光文社古典新訳文庫、2008年12月、413ページ）[F. Scott Fitzgerald, *All the Sad Young Men*]

初出一覧

第Ⅰ章　翻訳の手順　WEBマガジン『出版翻訳』[http://shuppan.sunflare.com/]（サンフレア、2007）[※2007/05/13号から2007/11/19号まで12回連載]

第Ⅱ章　技術と道具

1　小説の翻訳――日本語の得意技　『翻訳の方法』（川本皓司・井上健編、東京大学出版会、1997年）所収

2　虎の子の翻訳術　『翻訳家になる！』（メタローグ、1996年）

3　この「泡」は、うっかり水に流せない　『eとらんす』（バベル・プレス）2001年8月号

4　網を引く　『英語青年』（研究社）2006年11月号

5　翻訳から見える日本語　『日本語文章がわかる。』（朝日新聞社、アエラムック、2002年）

第Ⅲ章　英語の中の日本

1　アメリカ産の花柳小説　「訳者あとがき」（『さゆり』文藝春秋、1999年）、「文庫版訳者あとがき」（『さゆり』文春文庫、2004年）

2　アメリカ産の花柳小説II――翻訳者の立場から　「横浜市立大学論叢　人文科学系列」第51巻、第1・2合併号（2000年）

3　SAYURIとさゆり　「オレンジは紅殻色」（横浜市立大学「LLニュース」、1998年）、「原作本『メモワールズ・オブ・ア・ゲイシャ』を考察する」（『キネマ旬報』、2005年12月下旬号）、「巨大なスクリーンいっぱいに色彩を広げる<ハリウッド語>の訳し方を、じっくり拝見」（松竹株式会社『SAYURI』映画パン

フレット、2005年12月)

4　カナダ産のヒロシマ小説　「訳者あとがき」(『灰の庭』河出書房新社、2003年)

5　小説に描かれたニッポン　『時事英語研究』(研究社)2001年2月号

第Ⅳ章　翻訳、映像、移動、その他

1　解釈をめぐる解釈　『英語青年』(研究社)2004年5月号

2　「わからないもの」を「わかるもの」に変える、ラヒリの小説　東宝ステラ『その名にちなんで』映画パンフレット、2007年12月

3　拝啓、フェイ・ミエン・イン様　『本の話』(文藝春秋)1997年5月号

4　ミストリー・トレイン　『翻訳の世界』(バベル・プレス)1996年12月号

5　3つの"I"　『文学界』(文藝春秋)2006年11月号

6　若き医大生が描くメディカル・ミステリーの処女傑作　『本の旅人』(角川書店)2003年9月号

7　病んだ時代のスナップショット　『本の旅人』(角川書店)1997年2月号

8　電報の怪　日本文藝家協会　『文藝家協会ニュース』2007年7月

9　その他の人生　『英語青年』(研究社)2002年7月号

第Ⅴ章　過去と現在

1　押して、延ばす　「世界文学の歩き方」(『本が好き!』光文社、2008年1月号)

2　ポーとコーソン　「訳者あとがき」(『黒猫/モルグ街の殺人』光文社古典新訳文庫、2006年11月)

第Ⅵ章　古典新訳練習帳　書き下ろし

小川高義（おがわたかよし）
1956年横浜生まれ。1974年、横浜平沼高校卒。1979年、東京大学文学部英文科卒。1982年、東京大学大学院修士課程修了。同年４月より横浜市立大学専任講師。1987年、同助教授。2008年４月より東京工業大学教授。翻訳に、アーサー・ゴールデン『さゆり』、ジュンパ・ラヒリ『停電の夜に』『その名にちなんで』『見知らぬ場所』、ブレット・イーストン・エリス『アメリカン・サイコ』、ジョン・アーヴィング『第四の手』『また会う日まで』、マイケル・オンダーチェ『アニルの亡霊』、エドガー・アラン・ポー『黒猫／モルグ街の殺人』、F.スコット・フィッツジェラルド『若者はみな悲しい』など多数［※詳しくは、232ページの「著者翻訳書リスト」参照］。編注書に、*J-Life, J-Culture: Japan Watch*（研究社、2008年）がある。

KENKYUSHA
< 検印省略 >

翻訳《ほんやく》の秘密《ひみつ》
——翻訳小説《ほんやくしょうせつ》を「書《か》く」ために——

2009 年 4 月 1 日　初版発行

著者
小川《おがわ》　高義《たかよし》

発行者
関戸雅男

発行所
株式会社　研究社
〒102-8152　東京都千代田区富士見 2-11-3
電話　営業　03-3288-7777（代）　編集　03-3288-7711（代）
振替　00150-9-26710
http://www.kenkyusha.co.jp/

印刷所
研究社印刷株式会社

装丁
久保和正

組版
(株)インフォルム

ISBN978-4-327-45219-3　C1082　Printed in Japan